Wellesley Tudor Pole
ERINNERUNGEN AN JESUS VON NAZARETH

W0174769

Wellesley Tudor Pole

Erinnerungen an
Jesus von Nazareth

Aquamarin Verlag

1. Auflage
© der englischen Originalausgabe:
C.W. Daniel, Saffron Walden, Essex, England
Titel der englischen Originalausgabe:
A Man seen afar
© 2002 Aquamarin Verlag
Voglherd 1 • D-85567 Grafing
Deutsche Übersetzung von Dr. Edith Zorn
Umschlaggestaltung: Annette Wagner

Druck: Ebner • Ulm

ISBN 3-89427-184-1

Inhalt

Vorwort
von Sir George Trevelyan

W. Tudor Pole trägt in diesem Buch etwas vor, das nichts Geringeres behauptet, als Erinnerungen an das Leben und die Zeit Jesu zu sein. Einige Leser werden diese Aussagen mit großem Interesse aufnehmen, andere hingegen mit Skepsis. Falls sich die Behauptungen als berechtigt erweisen sollten, könnte die Veröffentlichung dieser Schriften zum jetzigen Zeitpunkt von großer Bedeutung sein.

Das äußere Erscheinungsbild dieser »Erinnerungen« ist höchst interessant und offenbart den Bewusstseinszustand des modernen Menschen. In seiner Einführung erzählt uns Tudor Pole, dass er sich mit einer solchen Klarheit an jene Zeit erinnere, »als sei er dabei gewesen«, und legt seinen Bericht, in aller Bescheidenheit, als einen wahren Blick in die Vergangenheit vor.

Für ihn sind diese Erinnerungen auf keinen Fall ein Produkt der *Vorstellungskraft*, wobei die Bedeutung dieses Wortes zum Fantasiegebilde herabgemindert worden ist. Eigentlich bedeutet es, durch bildliches Denken in eine höhere »Frequenz« einzutreten, in eine Welt der Realität und des Seins, die jenseits der Begrenzung der fünf Sinne liegt. Es ist die erste Stufe der Erforschung und Erkundung der geistigen Welten, die unsere physische Lebenswelt durchdringen.

Als sich diese »Erinnerungen« einstellten, vermittelten sie Tudor Pole die Überzeugung, wahrhaftig und korrekt zu sein. Die unerwartete Plötzlichkeit, mit der sie kamen, empfand er als einen Hinweis dafür, dass sie einem Zweck dienen und deshalb anderen Menschen zugänglich gemacht werden sollten. Damit geht er allerdings das Risiko ein, als bloßer Träumer betrachtet zu werden. Es ist daher wichtig zu versuchen, diese Aufzeichnungen zu verstehen.

Diese »Erinnerungen« sind ein Beispiel für eine Entwicklung im heutigen Denken der Menschen. Sie gewinnen ein neues Verständnis für die Wahrheit, dass die geistigen Welten die physische Ebene vollkommen durchdringen. Die Welt der materiellen Formen wird als ein Bild oder eine Widerspiegelung des Geistigen betrachtet, das sie erschafft. Die geistigen Welten liegen nicht weit entfernt, sondern innerhalb des Reichs der Sinne und können dort durch unser intuitives Denken erfasst werden.

Bei dem »neuen Verständnis« handelt es sich um ein Wiederauftauchen der uralten Weisheit, die den Einweihungskandidaten in den Mysterientempeln gelehrt wurde. Wer die Geheimlehren enthüllte, verlor sein Leben. Das esoterische Wissen wurde den Generationen weitergereicht und erschien in jedem Zeitalter in unterschiedlichem Gewand, bisweilen annehmbar und oft missverstanden. Es verbirgt sich in den Bildern der Mythologie und der großen Dramen und kann aufgrund des psychologischen Verständnisses unseres Zeitalters wieder gedeutet werden. Mit der Entwicklung des intellektuellen Bewusstseins wurde es möglich, diese uralte Weisheit in Büchern zu veröffentlichen und in Vorträgen in einer Form weiterzugeben, die der moderne Geist annehmen kann.

Die weitgehend materialistisch eingestellten Gesellschaften haben einen Punkt erreicht, an dem sehr viele Menschen danach hungern, von der Wirklichkeit der geistigen Welten zu erfahren. Diese Reiche haben immer existiert, doch der Mensch war lange von ihnen abgeschnitten, wie er sich in Bezug auf sein Wissen nur auf die fünf äußeren Sinne verlassen konnte. Nun erkennen wir, dass eine rein mechanische Erklärung des Universums unzureichend ist. Selbst die Definition der Materie ist unzutreffend, solange wir sie nicht als das Ergebnis göttlichen Denkens und schöpferischer Vorstellungskraft betrachten. Es ist ungeheuer wichtig, alle Anhaltspunkte hinsichtlich der wahren Natur des Menschen und des Lebens in Betracht zu ziehen. Der Inhalt dieses Buches mag einen solchen Hinweis bieten.

Der Begriff »Erinnerung«, wie er in diesem Zusammenhang gebraucht wird, beinhaltet das Postulat vergangener Erdenleben. Auf der Ebene der »Sinne« kann die Erinnerung an frühere Erdenleben in Form von Bildern in das Bewusstsein treten. Außerdem ist es möglich, mit dem Bewusstsein, das sich über die fünf Sinne erhoben hat, zu erleben, was in einer anderen Seele vor sich ging. Eine Art Telepathie kann entstehen, so dass die eine Person vielleicht »erinnert«, was eine andere vor langer Zeit erlebt hat.

Die Vorstellung der so genannten Akasha-Chronik gibt darüber Aufschluss. Der Begriff »Akasha«, der aus der uralten Weisheitstradition des Ostens stammt, bezeichnet eine äußerst feine, geistige Substanz, die den grobstofflichen Erdball umhüllt und in der alle Impulse des Denkens, der Emotionen und des Willens eingeprägt oder aufgezeichnet werden. So banal es auch klingen mag, handelt es sich dabei in gewissem Sinne um ein riesiges ätherisches Videogerät. Wenn man bewusstseinsmäßig entsprechend weit fortgeschritten ist, vermag man diese Aufzeichnung einzusehen und tatsächlich im eigenen intuitiven Denken den Erfahrungen von Seelen aus der geschichtlichen Vergangenheit zu lauschen. Hierin liegt eine Hauptquelle für geistige Nachforschungen.

Wir müssen begreifen, dass unsere Gedanken und Gefühle wirklich lebendig sind. Wenn wir sie aussenden, haben wir etwas geschaffen, das nicht verschwindet, wie wir allzu leicht annehmen, sondern etwas, das in sich die Natur eines Wesens birgt, das einen zeitlosen Raum betritt, von Eingeweihten gelesen werden kann und dem wir wieder begegnen werden, sobald wir die Begrenzungen des physischen Körpers abgestreift haben. Wenn dieses Konzept begriffen werden könnte, gingen die Menschen heute wohl weniger leichtfertig mit ihren kritischen, zynischen und grausamen Gedankengängen um. Bei jedem Gedanken, den wir aussenden und jeder Emotion, die wir zum Ausdruck bringen, vermögen wir in der Tat den zeitlosen Welten einen Strom der Dunkelheit oder des Lichtes hinzuzufügen.

Bei den vorliegenden »Erinnerungen« handelt es sich offensichtlich um ein Studium der Akasha-Chronik. Dabei spielt es keine wesentliche Rolle, ob der Autor seine persönlichen Erlebnisse erinnert oder die anderer Seelen »liest«, mit denen er in einer früheren Zeit verbunden gewesen ist. Für uns ist nur die Möglichkeit wichtig, hier einen unmittelbaren Einblick in das Leben des Jesus von Nazareth zu erhalten.

Die Fähigkeit innerer Wahrnehmung ruht in jedem von uns, der einen mehr oder weniger hohen Entwicklungsgrad aufweist und über eine gewisse Sensitivität verfügt. Es mag durchaus sein, dass auch andere aufgrund ihrer persönlichen »Erinnerungen« Licht auf diese

Geschichtsperiode werfen können. Obwohl man sich leicht täuschen kann, scheinen wahre Erinnerungen eine ganz besondere Gewissheit in sich zu tragen. Eine solche Flut neuer Erkenntnisse und spirituellen Verstehens tritt jetzt in unser Denken, dass auch dieses Buch natürlich nur eines von vielen sein wird, die der Welt von höherer Ebene aus geschenkt wird.

Die vorliegende Veröffentlichung ist in dieser Zeit, in der durch die Übersetzung der Schriftrollen vom Toten Meer und anderer Quellen neues Licht auf das Leben Jesu geworfen wird, besonders bedeutungsvoll. Viele, die sich für geistige Dinge interessieren, sind davon überzeugt, dass sich das Eintreten einer spirituellen Kraft auf die Welt abzeichnet, was die Züge einer »Wiederkunft Christi« trägt. Ein neues Licht flutet in das Menschenbewusstsein, und der Christus-Impuls kann erneut in das Erdenleben eintreten. Vielleicht blicken wir der Offenbarung neuer Wahrheiten entgegen; vielleicht sollen uns diese »Erinnerungen« tatsächlich helfen, um die augenblicklichen großen Veränderungen und die ungeheuren Hoffnungen, die unsere Herzen erfüllen und unsere Gedanken und Handlungen inspirieren können, zu verstehen.

Einführung
von Rosamond Lehmann

Große Teile dieses Buches sind das Ergebnis meiner Zusammenarbeit mit Wellesley Tudor Pole, der mir und vielen anderen Menschen »Lehrer, Philosoph und auch Freund« gewesen ist. Da er es vorzieht, dass so wenig wie möglich von seiner persönlichen Geschichte erzählt wird (er nennt sich selbst »einen gewöhnlichen Menschen«), werde ich mich darauf beschränken, die wesentlichen Leistungen seiner langen und bemerkenswerten Laufbahn nur zu umreißen.

Er hatte geheiratet und Kinder aufgezogen, war in der Industrie tätig und mit weltlichen Angelegenheiten beschäftigt. Er bereiste ausgiebig den Mittleren Osten, riskierte sein Leben für sinnvolle Zwecke, wie er es ausdrückte, und betrieb in verschiedenen Gebieten der Welt archäologische Forschungen. Ein Leben lang widmete er sich der Heilung von Menschen, Tieren und Bäumen. 1959 erwarb er das vernachlässigte Chalice Well Grundstück in Glastonbury und gründete den gleichnamigen Trust. Er wirkte auch als Vorstandsmitglied der Glastonbury-Schule für Jungen. Außerdem verfasste er mehrere bemerkenswerte Bücher, darunter »Briefe eines Eingeweihten «, die von mir herausgegeben wurden. 1940 rief er die »Big Ben-Gebetsminute« ins Leben.

Ich möchte noch hinzufügen, hoffentlich mit seiner Erlaubnis, dass er, ähnlich wie William Blake, Einfachheit, Warmherzigkeit und spitzen Humor mit intellektueller Kraft verbindet und ein praktischer und fröhlicher Mystiker ist. Auch er »blickt zurück in das Reich der Erinnerungen und betrachtet die vergangenen Tage«, doch stets mit dem Ziel, nach vorne und voraus zu schauen, nicht um abgeschirmt in einem Elfenbeinturm zu verharren. Im nachfolgenden Text wird, ebenfalls mit seiner Erlaubnis, auf ihn mit seinen Initialen W.T.P. Bezug genommen.

Die Eigenart des nachfolgenden Textes ist weitgehend von Sir George Trevelyan in seinem Vorwort beschrieben worden. Dem kann ich lediglich noch eine persönliche Note hinsichtlich einer Reihe von Ereignissen hinzufügen, die mich veranlassten, die Herausgabe und andere Arbeiten im Zusammenhang mit dem mir von W.T.P. anvertrauten Material zu übernehmen.

Im Winter 1962/63 kreuzten sich unsere Wege zum ersten Mal. Damals kämpfte ich gerade mühsam darum, mich von einem schmerzlichen Verlust zu erholen, der mich zutiefst getroffen und erschüttert hatte. Ich spreche vom Tod meiner einzigen Tochter Sally, der sie in ihrem dreiundzwanzigsten Lebens- und zweiten Ehejahr, weit weg von mir in Java ereilte. An jenem Hochsommertag des Jahres 1958 begann ich, meine Art zu leben, zu denken und zu erleben völlig zu ändern. Doch darüber soll an dieser Stelle nicht näher eingegangen werden. Zwischen 1958 und 1962 hatte ich für mich selbst bestimmte Entdeckungen gemacht und vieles von Menschen gelernt, die ein größeres geistiges Verständnis besaßen als ich. Aber immer noch war ich von einem wahren oder zumindest fest begründeten Maß an »Ganzheit« oder Erleuchtung weit entfernt. »Wenn der Schüler reif ist…!« Vielleicht war es bei mir ebenso? Wie auch immer, ich bin W.T.P. zu tiefstem Dank verpflichtet für sein (meinerseits) unerwartetes Interesse an meinem Wohlergehen und meiner geistigen Entwicklung, das er mir zuteil werden ließ.

An dieser Stelle möchte ich W.T.P.s eigene Darstellung unserer ersten Begegnung und ihrer Folgen wiedergeben. Er schreibt: »In der Weihnachtszeit des Jahres 1958 wurden die Erinnerungen an gewisse Ereignisse, die dem letzten Abendmahl unmittelbar vorausgegangen waren, so greifbar, dass ich sie niederschrieb.

Kurz zuvor hatte ich Chalice Well in Glastonbury besucht, weshalb es nur allzu natürlich war, dass meine Gedanken um Geschehnisse kreisten, die mit der Zeit Jesu und Avalon, der ursprünglichen Wiege des Christentums in Britannien, in Zusammenhang standen. In der Hoffnung auf weitere ähnliche »Einblicke« zögerte ich einige Monate, bevor ich mich entschloss, diese sehr bruchstückhaften Erinnerungen zu veröffentlichen. Doch es folgten keine weiteren Erfahrungen, und so traf ich im Juni 1959 Vorkehrungen für die Herausgabe des Büchleins »The Upper Room«, ergänzt von einem Kommentar.

Im Laufe der nächsten Jahre fiel mir, gewöhnlich in unerwarteten Augenblicken, auf, dass ich versuchte, einen vollständigen Überblick der Vorfälle und Ereignisse, die sich in den Tiefen meines Geistes zu entfalten schienen, herzustellen. Instinktiv verknüpfte ich diese schattenhaften Erfahrungen mit meiner Erinnerung an den »Upper Room«, den Raum des letzten Abendmahls. Doch die Bilder zeigten sich viel zu verschwommen und kaleidoskopisch, um sie identifizieren zu können.

Als ich im Herbst 1962 im Obstgarten von Chalice Well saß und mich fragte, wie die Klarheit der Vision sichergestellt werden konnte, blitzte der Hinweis in mir auf: »Sorge dich nicht länger – wenn Zeit, Ort und Umstände sich richtig fügen, werden deine innere Schau und deine Erinnerung in den richtigen Brennpunkt rücken.«

Diese Andeutung wurde mir mit einer solchen Autorität vermittelt, dass meine Verwirrung wich und ich erleichtert meines Weges ging. Hin und wieder fragte ich mich, ob sich dieses Versprechen erfüllen werde und wenn ja, wann, wo und unter welchen besonderen Umständen.

Seltsamerweise verspürte ich in mir die Fähigkeit, Funken zu entfachen. Doch sollten diese Funken dazu bestimmt sein, sich zu mehr als einer flüchtigen Erleuchtung zu entfachen, bedurfte es eines »Ambosses« besonderer Art – und zwar außerhalb meiner selbst. Es bedurfte eines Gefährten, eines verständnisvollen Kameraden, dem es möglich war, jeden sprühenden Funken zu einer dauerhaften Flamme werden zu lassen.

Im Winter 1962/63 lernte ich Simone Saint-Clair, die bekannte französische Patriotin und Schriftstellerin, kennen. Zur gegebenen Zeit wurde durch diese freundliche und talentierte Dame eines meiner Bücher übersetzt und in Paris unter dem Titel *La Route du Graal* veröffentlicht. Anfang 1963 erhielt ich mehrere Briefe von Madame Saint-Clair, in denen sie mich drängte, bei ihrer Freundin vorzusprechen, die in London lebte, da sie glaubte, dass sich diese Verbindung als bedeutsam und für beide Seiten vorteilhaft erweisen würde. In diesem Moment spürte ich, dass Zeit, Ort und Umstände sich einpendelten und der »Amboss«, den ich im Unterbewusstsein gesucht hatte, nahe war. Das traf auch zu, denn kurz darauf trat Rosamond Lehmann in mein Leben und ich in ihres.

Zurückblickend stelle ich fest, dass es keineswegs sonderbar war, dass die ersten Themen, die wir besprachen, den Inhalt von *The Upper Room* und die Art, in der dieses kleine Buch entstanden war, betrafen.

Mit der Entwicklung unserer Freundschaft begann ich zu erkennen, dass alles für die lang ersehnte Erfüllung jener Verheißung, die mir im Herbst 1962 in Glastonbury zuteil geworden war, vorbereitet wurde. Die Dinge begannen, sich harmonisch ineinander zu fügen, und die Zusammenarbeit zwischen R.L. und W.T.P. gestaltete sich eng und anhaltend.

Im Sommer 1963 wurden mir etwa einen Monat lang, in unregelmäßigen Abständen und gewöhnlich spät abends, in meinem Haus in Sussex viele der »Einblicke« in die Kindheit und Jugend Jesu, die in diesem Buch aufgezeichnet worden sind, zuteil. Ich durfte sie in mein Bewusstsein aufnehmen und schriftlich niederlegen.«

Ich (R.L.) muss hinzufügen, dass ich bis vor kurzem, als ich eine Kopie dieser Darstellung erhielt, nicht wusste, weshalb W.T.P. mich für eine Aufgabe von solch ungeheurer Bedeutung ausgewählt hatte. Im Spätsommer 1963 wurde mir nahe gelegt, falls ich es wollte, die allgemeinen Vorbereitungen für eine Herausgabe und Kommentierung des mir anvertrauten Materials zu übernehmen. Ich hielt – und das gilt auch heute noch– mich für diese Arbeit nicht geeignet. In meinen Augen qualifizierte mich nichts dafür, doch da sich sonst niemand finden ließ und es W.T.P. gewesen war, der mich darum gebeten hatte, fühlte ich mich verpflichtet, die Aufforderung, wenn auch zögernd und ein wenig ängstlich, vor allem aber mit dem Empfinden über Gebühr bevorzugt zu sein, anzunehmen.

W.T.P., der bisweilen die Dinge gerne wortwörtlich nahm, erwiderte auf meine Bemerkung von einer »heiligen Furcht«, dass es so etwas nicht gebe und die Begriffe Furcht und Heiligkeit miteinander unvereinbar seien. Dennoch trifft diese Aussage des Dichters Coleridge in meinem Fall den Punkt. Mit einer Art heiliger Furcht begann ich, arbeitete weiter und vollendete meinen Teil unserer Zusammenarbeit.

Credo
von Wellesley Tudor Pole

Gerne komme ich der Bitte nach, einiges zu meiner persönlichen religiösen Überzeugung zu sagen.

In der Kirche von England wurde ich getauft und gefirmt. Meine Eltern gehörten der, wie es in jenen Tagen hieß, »liberalen Richtung« der anglikanischen Kirche an. Meine religiöse Erziehung basierte vorwiegend auf dieser Form christlichen Unterrichts an der staatlichen Schule, zu der auch die Behauptung gehörte, dass die Bibel (in der King James Version) das unumstößliche Wort Gottes sei und daher die Wahrheit und nichts als die Wahrheit enthielte. Ich war ein nachdenklicher Junge und begann schon bald, sehr ernsthaft an dieser dogmatischen Behauptung zu zweifeln. In den ersten Büchern des Alten Testaments gibt es bestimmte Passagen, die für meinen jugendlichen Geist nahezu an Obszönitäten grenzten. Als ich einmal den Schulgeistlichen nach der religiösen Bedeutung dieser Passagen fragte, wies er mich an, mein Augenmerk ausschließlich auf den Inhalt des Neuen Testaments zu lenken. In diesem Zusammenhang erinnere ich mich an eine Begebenheit, bei der ich als Fünfzehnjähriger anhand der vier Evangelien und der

Apostelgeschichte eine Aufstellung der Widersprüche in Bezug auf das Leben und die Lehre Jesu niederschrieb. Ich legte sie meinem Klassenlehrer vor, als ich eine Abhandlung über die zehn Gebote schreiben sollte.

Es erübrigt sich zu bemerken, dass ich für dieses empörende Beispiel an Altklugheit die schlechteste Note der Klasse bekam; aber kein Wort der Erklärung wurde mir gegeben, um meine Zweifel und Befürchtungen zu mildern.

Bald danach hörte ich auf, Fragen zu stellen und begann, meine eigene Philosophie auszuarbeiten, von der vieles den Prüfungen der Zeit standgehalten hat. Nach einem langen Leben des Nachsinnens und der Erfahrung könnte meine religiöse Anschauung, wenn auch keineswegs vollständig, folgendermaßen zusammengefasst werden:

Ich glaube an eine erste Ursache, einen höchsten Schöpfer aller Universen, den Ursprung des Lebens selbst, einen ewigen und allmächtigen Geist, Vater unendlicher Liebe, Weisheit und Allmacht.

Ich glaube, dass in einer Weise, die weit jenseits menschlichen Begreifens liegt, diese erste Ursache die Sonnensysteme, Planeten und Sterne zusammen mit zahllosen anderen Lebens- und Seinsebenen, die sich in die unendliche Ewigkeit erstrecken, ins Dasein gerufen hat.

Ich glaube, dass sich die absolute Wahrheit unserer

augenblicklichen Menschenkenntnis entzieht, dass sich aber das Leben in jeder Form und Manifestation auf ein letztendliches Ziel hin entwickelt, das wir Vollkommenheit nennen; und dass dieser geheimnisvolle Prozess während so vieler Millionen Lichtjahre abgelaufen ist und ablaufen wird, dass er die menschliche Vorstellung bei weitem übersteigt.

Was unseren eigenen Planeten anbelangt, so glaube ich, dass er die äußerste von sieben Bewusstseinsebenen ist und in gewisser Weise mit den sieben Naturreichen, die wir kennen, korrespondiert. Diese sieben Ebenen bilden dahingehend eine Einheit, dass sich Leben und Intelligenz, wenn auch in ihnen eingehüllt oder verkörpert, als Ganzes auf ein weit entferntes Ziel von unendlicher, aber unbekannter Bedeutung hin fort- (und mitunter rückläufig) entwickeln. Ich glaube, dass dieser Prozess von einer Wesenheit gelenkt wird, die man als den Herrscher des Planeten bezeichnen kann, der unter der Herrschaft des höchsten Regenten des Sonnensystems, zu dem wir gehören, steht, der seinerseits der ersten Ursache untergeben ist.

Ich glaube, dass in für uns anscheinend unregelmäßigen Abständen menschlicher Zeitrechnung Erlöser und Boten aus den kosmischen Welten in unsere Mitte treten, um Religionen, Philosophien und ethische Glaubens- und Verhaltenslehren zu begründen und anzuregen, die unserer Bewusstseinsebene neu zu sein scheinen.

Ich glaube, dass Jesus, als er von der Wesenheit, die wir Christus nennen, überschattet war, ein größeres Maß an Inspiration und Wahrheit in das Menschenbewusstsein senkte als irgendeiner seiner Vorgänger.

Ich glaube, die Zeit naht, in der wir einen anderen dieser kosmischen Besucher erwarten dürfen, der etwas vermittelt, das uns die Wahrheit in ihrem ewigen Sinne umfassender und besser verstehen lässt, so dass wir dem Rätsel des Daseins und seiner Bedeutung einen Schritt näher kommen werden.

Ich glaube, dass der höchste Schöpfer im Tempel, in der Kirche, Synagoge und Moschee, in der freien Natur oder im inneren Heiligtum des eigenen Seins gleichermaßen verehrt werden kann.

Um im üblichen Sprachgebrauch zu bleiben, glaube ich an die Gemeinschaft der Heiligen, die Existenz der Engel und Erzengel und die Kraft des Geistes als alles durchdringende Präsenz.

Ich glaube, dass Gott (im Keim) in jeder individualisierten Manifestation des Lebens existiert und dass das Leben selbst ewig und unzerstörbar ist; dass der »Tod« im Sinne von bleibender Auslöschung niemals einen Platz im Universum gehabt hat oder haben wird. Das Leben kann seine Form verändern, aber niemals verlöschen.

Ich glaube an unsere wiederholte Rückkehr auf diese Erde als einen wesentlichen Teil des Evolutionsprozesses. Nur hier können wir eine gewisse Schulung und Erfahrung erlangen, die uns auf anderen Bewusstseinsebenen nicht zugänglich wären.

Ich glaube, dass das, was wir das Böse nennen, eine einstweilige Illusion ist, die im Menschengeist wirkt, eine Form von Energie, die vorübergehend fehlgesteuert und außer Kontrolle geraten ist, die aber wieder in harmonische Kanäle gelenkt werden kann, sobald sie aufhört, das »Böse« zu sein.

Ich glaube an die ewige Existenz absoluter Liebe und Weisheit, aus denen wir als Kinder des einen Schöpfers unsere Inspiration und unsere Führung empfangen können, je nach unserem Bedürfnis und unserem Verdienst.

Ich glaube an die allumfassende, auf ein Ziel gerichtete Brüderlichkeit aller Offenbarungen des Lebens und der Intelligenz, nicht nur auf unserem eigenen Planeten, sondern in den unzähligen Universen, die Gott geschaffen und belebt hat.

The Upper Room
(Das Abendmahlszimmer)

Eine Beschreibung des Hauses in Jerusalem, in dem das letzte Abendmahl gehalten wurde

Es war kein großes Haus, aber aus Steinen solide gebaut, und es gab nur zwei Türen. Es stand knapp innerhalb der Stadtgrenze in einer schmalen, kopfsteingepflasterten Straße auf seinem eigenen Grund. Hinter dem Haus gab es einen kleinen, von einer Mauer umgebenen Hof mit einem Brunnen und einem Feigenbaum an der Mauer, der keine Feigen, nur ein paar junge, grüne Blätter trug. Ein in der Ecke wachsender Dornbusch stand in Knospe. Der Brunnen schien halb ausgetrocknet zu sein. Man konnte kaum Wasser in seiner Tiefe sehen. In einem gegen die Hauswand gelehnten Schuppen gab es eine Hobelbank, zerhacktes Holz, ein großes Tongefäß mit Wein und einem bauchigen Krug mit Olivenöl. Ein hölzerner, halb mit Stroh gefüllter Anbau, ein kleiner Stall, beherbergte einen Esel, der zum Zeitpunkt unseres Besuchs gerade von der Arbeit zurückgekehrt war. Die Eingangstür dieses bescheidenen Domizils lag auf gleicher Höhe mit der Straße. Beim Eintritt befand man sich in einem geräumigen Zimmer mit Steinfußboden und einem großen Herd. Eine tiefe Kochnische schloss sich dem Wohnraum an. Auf der anderen Seite lagen zwei kleinere Zimmer, die als Schlafräume dienten.

Als wir gegen Abend eintrafen, schliefen zwei kleine Kinder in einem dieser Zimmer. Das andere war leer. Die Betten bestanden aus Strohmatratzen, die auf Holzgestellen lagen. Es gab keine Teppiche auf den Fußböden, auf denen aber teilweise Leinen- und Fasermatten, in die farbige Muster hineingewebt worden waren, lagen. Die Einrichtung war schlicht, doch das gesamte Haus peinlichst sauber und ordentlich. Abgesehen von zwei kleinen Kamelhaarteppichen, mit einer Kapuze an der einen Seite, die bei kaltem Wetter wohl als Umhang benutzt wurden, waren die Wände kahl.

Man mag sich fragen, warum dieses besondere Haus, diese bescheidene Wohnstatt, so ausführlich beschrieben wird. Nun, es sollte sich tatsächlich als ein sehr bedeutungsvolles Haus erweisen. Ein Mann mit einem Wasserkrug hatte uns bis zum Eingang begleitet. Er ging weiter, wir aber warteten noch eine Weile, bis wir eintraten. Er war ein Angehöriger des Mannes, dem dieses Haus gehörte. Seine Botschaft hatte viel Aufregung verursacht und man begann sofort mit den Vorbereitungen, den oberen Raum und ein Mahl für zwölf Personen herzurichten, von denen zwei bereits mit dem Wasserträger eingetroffen waren.

Als wir die Treppen emporstiegen, stellten wir fest,

dass es außer einem großen, fast unter dem Dachsims gelegenen und mit einer geräumigen Mansarde vergleichbaren Zimmer noch einen kleinen Schlafraum gab, der von dem großen durch einen kurzen Flur getrennt lag. Dieses kleinere Zimmer wurde als Bedienungsraum für das im Erdgeschoss vorbereitete Mahl hergerichtet. Der warme Kochgeruch stieg nach oben. Ein schmaler, auf Holzböcke gestellter Esstisch erfüllte fast das gesamte Gästezimmer. Er war umstanden von niederen, selbst gemachten Hockern, die aus Zedern- oder Birnenholz gefertigt zu sein schienen. Der Tisch selbst, der geölt und poliert werden musste, war anscheinend von einem Handwerksmeister gezimmert worden. Er bestand aus Olivenholz. Durchscheinende Vorhänge bedeckten die glaslosen Fenster, die Licht und Luft hereinließen, die Moskitos und andere Insekten aber abhielten. Höchst ungewöhnlich für diese frühe Jahreszeit, waren der Tag schwül und die Luft drückend gewesen. Hinter der Tür hatte man einen kleineren Tisch aus dem unteren Wohnraum aufgestellt und eine Platte mit getrocknetem Fisch, eine Flasche mit Olivenöl und einen Korb, gefüllt mit Salaten und Bitterkräutern, darauf angeordnet. Eine Platte aus gebranntem Ton mit Stücken von ungesäuertem Brot und eine Schale mit Früchten, mit Zitronen, getrockneten Feigen, Datteln und Nüssen, standen schon bereit. Etwa in Tischmitte, jedoch auf dem Boden daneben, befanden sich ein

Steingutgefäß mit Wein und ein Wasserkrug. Es gab weder Besteck noch Porzellantassen, Metallbecher oder Teller auf dem Tisch, sondern nur handgefertigte Trinkgefäße. Ungewöhnlich schien die Anwesenheit einer großen und recht tiefen Holzschale mitten auf dem Tisch zu sein, eine (noch leere) Schale, die eine beachtliche Menge an Wein oder einer anderen Flüssigkeit fassen konnte. In einigen jüdischen Haushalten war es der Brauch, bei zeremoniellen Anlässen solche Schalen mit Wein zu füllen. Vielleicht stand aus diesem Grunde der Weinkrug auf dem Boden bereit, aus dem man bei Bedarf nachfüllen konnte. Noch eine weitere Einzelheit fiel auf. Nahe dem Stuhl, auf dem der Hauptgast sitzen sollte, stand ein flacher, schalenförmiger »Becher« aus mehrfarbigem Glas mit silbernen Tönen und von einem feinen, halbtransparenten Muster. Der Gastgeber oder der Hauptgast würde diesen »Becher« in die große Schale auf der Tischmitte tauchen, ihn segnen und dann herumgehen lassen, damit alle Anwesenden, einer nach dem anderen, feierlich daraus trinken konnten. Ich bemerkte drei Terrakotta-»Lampen« auf dem Tisch, eine große, etwa in der Mitte, und zwei kleinere, die jeweils am Tischende standen. Diese Lampen waren bis auf einen kleinen Schlitz, aus dem der im Öl schwimmende Docht hervorlugte, geschlossen. Ihre Form glich den heutigen Teekannen und sie enthielten wahrscheinlich genügend Öl, um einige Stunden lang zu brennen. In einer Ecke des Raumes sah man einen Gegenstand, der wie eine Art Laterne aussah. Ansonsten schien es keine weitere Beleuchtungsmöglichkeit im Raum zu geben, wenn die Dunkelheit hereinfiel. Wahrscheinlich wurde dieses Zimmer für gewöhnlich nicht benutzt, sondern nur zur Zeit des Passah-Festes oder zu anderen feierlichen Gelegenheiten geöffnet.

Als wir diesen oberen Raum verließen und die Treppe hinuntergingen, erhellte ihn ein Lichtstrahl der untergehenden Sonne und verlieh der Szene einen ganz besonderen Glanz. Beim Abschied vom Hausherrn erzählte uns dieser, dass er von Beruf Steinmetz und Holzschnitzer war. Sein spezielles Amt, die Steinmetz- und Schreinermeister-Gilde einzuberufen, erfüllte ihn sichtlich mit Stolz. Ich fragte ihn nach jenem »Kelch«. Er erwiderte, dass man ihn hoch in Ehren hielt und er annahm, dass ein Kunsthandwerker aus Antiochien ihn hergestellt hatte. In der Nähe dieser Stadt konnte man in der Wüste eine ganz besondere »Ader« von weißem Quarz finden, der sich für die Glaskunst eignete. Solche handgefertigten Glaswaren, meinte er, seien ein Merkmal der Handwerkskunst von Antiochien. Sie wurden immer noch für einen geringen Preis innerhalb von Kleinasien, Syrien und Palästina verkauft und sogar nach Ägypten, Italien und in andere Gebieten des Römischen Reiches exportiert.

Als er uns Lebewohl sagte, fügte er hinzu, dass das nahende Fest wohl ein großes Ereignis sein werde und er und seine Frau sich geehrt und demütig bei dem Gedanken fühlten, dass ihr Haus zu diesem Zweck ausgesucht worden war, obwohl es ein Rätsel für sie bedeutete, zumal es sich bei den zu erwartenden Gästen, soweit er wusste, um Fremde handelte. Unter ihnen, so hatte man ihm gesagt, sollte sich ein heiliger Mann, vielleicht ein »Meister«, befinden, und er bat uns, ihn und seinen gesamten Haushalt in unseren Gedanken und Gebeten zu halten.

Als wir das Haus verließen, standen mein Gefährte und ich eine Weile schweigend da. Dann gab er mir seinen Segen und ging seines Weges, indem er einen Seitenweg entlang wanderte, einen Bach überquerte und weiter die unteren Hänge des Olivenberges hinunterstieg.

Ich ging in entgegengesetzter Richtung die Straße hinauf, bis ich einen Aussichtspunkt erreichte, von dem aus ich das Haus, das wir soeben verlassen hatten, immer noch sehen konnte. Als ich betrachtend da stand, kamen die Sterne hervor, und der Abendnebel erhob sich aus dem Tal. Undeutlich beobachtete ich die Ankunft des Meisters und seiner zehn Gefährten und sah sie das Haus betreten, in dem ich vor kurzem erst gewesen war und das ich nur widerstrebend verlassen hatte. In diesem Augenblick bemerkte ich einen strahlenden Glanz, der sich von dem Haus nach allen Seiten hin ausbreitete und die Dunkelheit der Nacht erhellte. Später vernahm ich Gesang. Dann machte ich mich auf den Weg zu meinem Haus auf der anderen Seite der Stadt, erfüllt von dem Gefühl einer in der Luft schwebenden Tragödie und doch mit einem unterschwelligen Empfinden der Freude und des Dankes, das mich seither nicht mehr verlassen hat.

Dieser Erzählung fügt W.T.P. folgende Bemerkung hinzu:

Es gibt keinen historischen Beweis, der den Inhalt des vorangegangenen Berichts erhärten würde. Er basiert jedoch auf einer Erfahrung, von der der Schreiber glaubt, dass sie im Wesentlichen die Fakten wiedergibt.

***

R.L.: Als ich *The Upper Room* zum ersten Mal las, versetzte es mir einen Stoß, es war wie ein inneres Wiedererkennen, das die Aufmerksamkeit ohne bewusste Anstrengung auf einer Ebene zum Schweigen bringt, auf der die Frage nach »Beweismaterial« oder »Belegen« unerheblich wird. Jene Mischung von Merkmalen, die dieser seltsamen Geschichte innewohnen, ihre Einfachheit, ihre sachliche und sorgfältige Beschreibung der Einzelheiten, die kristallklare Transparenz und der glaubwürdige Ton, verbunden mit der Zurücknahme der Person, bewegten und beeindruckten mich zutiefst und sprachen wahr. Vielen anderen Lesern ist es ebenso ergangen, und jede weitere Lektüre hat meine allererste Überzeugung, dass der Abendmahlsraum dem Verfasser genau und in allen Einzelheiten »gezeigt« worden war, verstärkt.

Einige Monate später erhielt ich in einem Brief diesen ergänzenden Einblick, der sich spontan eingestellt hatte.

W.T.P.: Ich werde niemals vergessen, mit welchem Nachdruck und welcher respektvollen Besorgnis der Hausherr Jesus zu überreden suchte, die Nacht in seinem Haus zu verbringen. Er war entsetzt, als er hörte, dass Jesus in die Dunkelheit hinausgehen wollte, um den Rest der Nacht im Freien zu verbringen, insbesondere weil Aufruhr in der Luft lag. Er bot ihm seinen Esel und die Dienste seines eigenen Angehörigen zum Schutze an. Aber Jesus schien sich in einem erhobenen Zustand zu befinden und antwortete nicht, sondern führte seine Jünger hinaus in den Garten und die unterhalb gelegenen Hänge. (Ich habe in meinem gegenwärtigen Leben dort oft verweilt, auf physischer und auf anderer Ebene.)

Etwas später ergab sich die Gelegenheit, W.T.P. in Bezug auf einige Punkte in der »Upper Room« Geschichte zu befragen, die mich immer noch verwirrten. Hier nun die Fragen und Antworten (die ich nicht immer fortlaufend erhielt), die ich mit seiner Erlaubnis veröffentlichen durfte.

R.L.: Bezieht sich das »Ich« in der Geschichte auf Sie selbst?

W.T.P.: Das »Ich« der Erzählung ist das Individuum, dessen Geist ich zu einem Zeitpunkt las...oder wenn du so willst, mit dem ich mich verband, als sich diese Dinge ereigneten. Er war ein angesehener Bürger, halb Syrer, halb Grieche, der wohl in das Bild hineingebracht worden war, weil der »Gefährte« jemanden im Vollbesitz seiner Vitalität und seines Ätherkörpers brauchte, um bei den Vorbereitungen des im oberen Stockwerk gelegenen Raums helfen zu können. Übrigens, nur sehr wenige der heute existierenden, so genannten Jesus-Plätze sind geographisch korrekt. Das (längst zerstörte) Haus mit dem Abendmahlszimmer lag nicht auf dem Gipfel des Berges Zion, auf dem immer noch eine baufällige Kirche steht, sondern eine gute Strecke abwärts auf dem Osthang.

R.L.: Wer war der »Gefährte«?

W.T.P.: Der Gefährte war ein Engel – kein Erdenbewohner in einem gewöhnlichen physischen Körper. Die Atmosphäre, in die Jesus bei jenem ungeheuer bedeutungsvollen Anlass eintreten sollte, musste gegen die verneinenden Kräfte schützend vorbereitet werden. Solche Vorbereitungen wurden für Jesus während seines Erdendaseins stets im Voraus vorgenommen.

R.L.: Wer war der Wasserträger?

W.T.P.: Wie es der Schilderung zu entnehmen ist, war er ein Angehöriger des Hausherrn. Seinen Namen habe ich vergessen. Er traf zusammen mit Petrus und Johannes ein. »Mein Gefährte und ich« (nicht erwähnt im Evangelium) folgten. Petrus und Johannes blieben im Haus, um die Vorbereitungen für das Passah-Fest zu überwachen. (Aus diesem Grunde erschien der Meister mit nur zehn Jüngern, wie es im letzten Abschnitt heißt.)

***

R.L.: Ich fragte W.T.P. nach dem so lebendig beschriebenen mehrfarbigen »Kelch« oder Glasbecher. Aus seiner Entgegnung zu schließen, musste dieser eine historische und auch esoterisch gesehen recht verwickelte Geschichte haben. Das Gefäß oder seine genaue Nachbildung existiert immer noch, und die zahlreichen widersprüchlichen Meinungen und Mutmaßungen sind bekannt. Vielleicht wird die Wahrheit eines Tages ans Licht treten. Aber die Zeit ist anscheinend noch nicht reif. Unterdessen befindet es sich in sicherer Obhut.

Im Folgenden werden W.T.P.s wohl überlegte Antworten auf verschiedene Fragen, die ich ihm hinsicht-

36

lich der Erinnerungsfähigkeit stellte, wiedergegeben. Man könnte sie als Vorwort zu den »Einblicken« in das Leben und die Zeit Jesu betrachten, die mir im Sommer und Herbst 1963, meistens in Briefform, teilweise aber auch im Laufe von Gesprächen, vermittelt wurden. Letztere habe ich anhand meiner vollständigen Aufzeichnungen in Dialogform veröffentlicht. Was die Briefe anbelangt, habe ich mit W.T.P.s Erlaubnis und Zustimmung Auszüge aus unserem umfangreichen privaten Briefwechsel angeführt. Ich hoffe, dass eines Tages weiteres Material aus derselben Quelle, das zwar ebenso bemerkenswert, aber weniger bedeutungsvoll für W.T.P.s gegenwärtige Aufgabe ist, (von ihm) als veröffentlichungwürdig erachtet wird.*

Was die folgenden Äußerungen betrifft, habe ich hier und dort (ebenfalls mit seiner Erlaubnis) einige Sätze mit meinen eigenen Formulierungen ersetzt und gewisse Lücken geschlossen, um der Schilderung einen geordneten Ablauf zu verleihen. Es erübrigt sich zu bemerken, dass ich dabei niemals den Kern des mir anvertrauten ursprünglichen Materials erweitert, unterschlagen oder verfälscht habe.

*) Inzwischen als »Briefe eines Eingeweihten« erschienen (Anm. des Hrsg.)

Gewisse vielleicht unwesentliche Anmerkungen und Stellungnahmen (zum Beispiel über die Reinkarnation) im Rahmen dieses Buches mit einzuschließen, beruht auf meiner persönlichen Entscheidung.

***

W.T.P.: Der Geist des Menschen ist das wunderbarste Instrument, das er besitzt. Ohne ihn wäre sein Leben ein lebendiger Tod.

Die drei Hauptfunktionen des Geistes sind die Fähigkeit zu denken (zu folgern); die Kraft zu fühlen (zu lieben) und die Eigenschaft zu erinnern (sich ins Gedächtnis zurückzurufen).

Wenn ich denke, weiß ich, dass ich existiere und lebendig bin.

Wenn ich fühle, weiß ich, dass Liebe existiert und das Leben wirklich und lohnend ist.

Wenn ich mich erinnere, weiß ich, dass das Leben nicht statisch ist, sondern sich unaufhörlich ausdehnt.

Die Fähigkeit des Geistes, sich zu erinnern, erhebt die Kraft des Denkens und Fühlens auf die Ebene des Dauerhaften. Ohne die Erinnerung würde das Leben des Menschen steril und daher nutzlos werden. Die Erinnerung ist somit eine Gabe des Geistes, unsagbar kostbar, oft missbraucht, aber sie enthält letztendlich die Samen unserer Erlösung.

Es liegt im Bereich der Erinnerung, als Führer und Inspiration für den Gedanken und das Gefühl zu wirken; für Gut oder Böse, wie die menschliche Willensfreiheit es lenkt. Diese drei Gefährten – Gedanke, Gefühl und Erinnerung – bilden eine Dreiheit, die als Dienerin des Geistes wirkt.

Objektiv betrachtet, scheint sich die Erinnerung in Form zahlloser durchsichtiger Lichtfäden zu manifestieren, miteinander verwoben und verknüpft, geborgen und bewahrt in einer selbsterschaffenen Welt, sich weit zurück in tiefste Vergangenheit dehnend, aber auch vorwärts strebend.

Wir sprechen von einer »lebendigen Erinnerung«, als ob die Erinnerung einst nicht existiert hätte, doch sie ist so immerwährend »lebendig« wie das Leben selbst. Eine ihrer herausragenden Eigenschaften besteht in der Fähigkeit, sowohl innerhalb als auch jenseits des Bereichs der Zeit-Materie-Raum Bedingungen zu wirken.

Große, kosmische Ereignisse, wie das Herabsteigen des Christus-Geistes in das menschliche Bewusstsein durch das Erscheinen Jesu auf irdischer Ebene, werden so lange stattfinden, bis die Zeit schließlich in der Ewigkeit aufgegangen ist, obwohl solche Ereignisse sich ein für alle Mal zu einem bestimmten Augenblick in Zeit und Raum ereignet zu haben scheinen.

Obgleich der Mensch immer wieder die Verbindung zu seiner Erinnerung verlieren kann, ist die Erinnerung an sich unzerstörbar und sich selbst erneuernd.

Der Geist des Menschen besitzt nicht nur die Fähigkeit, die Erinnerungen an seine eigene Vergangenheit erneut zu durchleben oder zu beleben, indem er zurückkehrt in die Nebel seiner frühesten Existenz als »Mensch«; auch durch Schulung und andere geeignete Umstände kann der Geist des Menschen sein Gedächtnis nutzen, um an den Erinnerungen seiner Mitmenschen teilzuhaben, aber auch an jenen Erinnerungen, die in den Erfahrungen der Intelligenzen ruhen, die innerhalb der Naturreiche wirken, die uns umgeben.

Um folgende Frage beantworten zu können, müssen wir vom Allgemeinen zum Speziellen übergehen. Wie kann ich meinen Geist dazu erziehen, nicht nur besondere Erinnerungen an die Oberfläche meines Bewusstseins zu holen, sondern auch Herr meiner Erinnerung zu werden und nicht länger ihr Sklave zu sein?

Hier eine einfache Übung, eine nützliche Vorbereitung auf dem Pfad, persönliche Erinnerungen aus einem Zeitabschnitt wachzurufen, der noch vor Beginn des gegenwärtigen Erdenlebens liegt.

Denke an einen besonderen Augenblick in deiner Jugend oder deinem frühen Erwachsensein zurück, lege eine bestimmte Erfahrung oder ein Erlebnis aus diesem

Zeitpunkt fest. Verfolge aufmerksam die Fäden der Erinnerung, die mit diesem bestimmten Ereignis oder dieser Erfahrung in Zusammenhang stehen und die sich in der menschlichen Zeitrechnung zurück, aber auch vorwärts bewegen.

Sinne darüber nach, wie sich diese Fäden ineinander verweben, indem sie ihr eigenes Muster in dem sich beständig entfaltenden Gewebe deiner Existenz bilden.

Versuche, den Fäden Schritt um Schritt vorwärts zu folgen, bis du den Punkt in deinem augenblicklichen Leben erreichst, an dem du jetzt stehst. Wiederhole dann den Ablauf in umgekehrter Richtung, ausgehend von der Stelle, an der du dich nun befindest, und beginne zu begreifen, wie dein gegenwärtiges Leben mit seinen Umständen tatsächlich das unmittelbare und unvermeidliche Ergebnis der Summe jedes einzelnen Gedankens, jedes Wortes und jeder Handlung innerhalb eines »Zeit«abschnitts ist, der sich aufgrund menschlicher Berechnungen nicht bemessen lässt.

Hier ein brauchbarer Hinweis! Die Erinnerung kann im Schlaf leichter an die Oberfläche des Geistes gebracht werden, wenn dieser von den vielfältigen Aktivitäten des Gehirns nicht niedergedrückt wird. Das Gehirn ist nicht das Lagerhaus der Erinnerungen, obwohl sein ätherisches Gegenstück mit ihnen in Beziehung steht. Falls du Erinnerungen an irgendeine vergangene Erfahrung wachrufen möchtest, deren Einzelheiten sich dir zu entziehen scheinen, konzentriere dich auf deinen Wunsch, kurz bevor dich der Schlaf übermannt. Dabei handelt es sich um eine wertvolle und wirklich lohnende Form der Disziplin und der Übung, die zu interessanten und sogar unerwarteten Ergebnissen führen mag.

Man hat mir folgende Frage gestellt: »Wie viele ihrer Erinnerungen an die Zeit, in der Jesus auf Erden weilte, sind aus erster Hand und wie viele sind das Ergebnis der Teilnahme an den Erinnerungen anderer Menschen, die zufällig in jener Zeit lebten?«

Ich würde gerne eine klare und knappe Antwort auf diese Frage geben. Mir ist bewusst, dass ich sie zu meiner eigenen Zufriedenheit beantworten kann, obwohl ich nicht fähig bin, diese Antwort in Worte zu kleiden, die von anderen verstanden werden könnten. Der Bericht selbst enthält gewisse Anhaltspunkte dafür, welche Aspekte der beschriebenen Ereignisse unmittelbar wiedererlebt und welche als Gedanken und Gefühle anderer betrachtet werden mögen, die meinen Weg kreuzten.

Mehr vermag ich dazu nicht zu sagen.

Vor einem Punkt soll in dieser Sache jedoch eindringlich gewarnt werden. Während die kosmische Aufzeichnung selbst genau, wahrheitsgetreu und unzerstörbar ist, mögen sich die persönlichen Erinnerungen bisweilen als fehlerhaft, unvollständig oder voreingenommen erweisen, was auf Wunschdenken oder bestimmte Eigenarten des menschlichen Selbst zurückzuführen ist.

Ich möchte nicht für meine eigene Unfehlbarkeit werben.

Dennoch erkenne ich keinen guten Grund dafür, warum wir nicht die Früchte individueller Erinnerung miteinander teilen sollten, da wir auf diese Weise einander vielleicht auf dem Weg helfen können, der am Ende zur Erleuchtung und zum Frieden führt.

R.L.: Man hat mir die Erlaubnis gegeben, dieser Antwort den folgenden, eher persönlichen (und typisch bescheidenen) Auszug aus einem Brief hinzuzufügen: »Der einzige Punkt, in dem sich mein Leben von den meisten anderen Menschenleben unterscheidet, liegt darin, dass ich mich durch lebenslanges Training diszipliniert habe, jene Eigenschaft des Geistes oder Bewusstseins zu entwickeln, durch die die Erinnerungsfähigkeit vervollkommnet und zur Entfaltung menschlichen Bewusstseins innerhalb weiter Bereiche brauchbar gemacht werden kann.«

Einsichten

W.T.P.: Du bittest mich, das physische Erscheinungsbild
Jesu zu beschreiben. Jeder, mit dem ich gesprochen habe,
beschreibt ihn in einer anderen Weise, was nicht ver-
wunderlich ist. Wenn Jesus ärgerlich oder ungehalten war,
schien seine Gestalt sichtbar größer zu werden; seine
Augen und seine Züge verdunkelten sich; seine gesamte
Persönlichkeit unterzog sich einem Wandel. Wenn hingegen der Christus durch ihn sprach, schien sein Körper
zu leuchten. Seine Haare und seine Augen wurden hell,
und er sah wunderbar aus.

Ich selbst erinnere mich an ihn als einen Mann von
mittlerer Größe, mit blaugrauen Augen, die zu Quellen
weißglühender Dunkelheit werden konnten, mit son-
nengebräunter Haut und dunkelbraunem Haar, auf dem
ein goldener Schimmer lag. Das dicke, eher krause als
lockige Haar war kurz geschnitten und sehr gepflegt. Es
hing niemals über die Schultern hinab. Der Bart, den er
später trug, war ebenfalls kurz, kraus und von der gleichen Farbe wie sein Haar. Lange Bärte wurden nur selten getragen, ausgenommen von älteren Leuten. Erstaunlich, dass Jesus oft mit eher weichlichen Zügen und ge-

wöhnlich als vierzigjähriger oder sogar älterer Mann dargestellt worden ist. Verbannt die irreführenden Porträts aus eurem Geist, die uns überliefert worden sind. Bis zum Ende seines Lebens bewahrte er eine jugendliche Erhabenheit und männliche Schönheit, selbst während des Verhöres und am Kreuz.

Während jenes Martyriums befand er sich teilweise außerhalb seiner physischen Hülle und war dadurch vorübergehend von der Qual befreit. (Wie ich aus eigener Erfahrung weiß, können selbst wir geringeren Sterblichen dies vollbringen.) Ich möchte betonen, dass nicht nur seine geistige Größe, sondern auch seine natürliche Lebensfreude ihn trotz der Bürden, die er für seine Umgebung und die Menschenrasse zu tragen hatte, ein Leben lang kraftvoll und beweglich sein ließ. Natürlich übernahm während der letzten dreieinhalb Lebensjahre der ihn überschattende*) Christus-Geist einen großen Teil der Bürde und beschützte ihn.

W.T.P.: Ein unvergesslicher Eindruck von Jesus kehrt zu mir zurück. Er ist achtzehn Jahre alt und trägt bereits einen leichten Bart. Als er an den Ufern des Jordan (in jenen Tagen ein größerer und tieferer Fluss) umherstreift, entdeckt er einen jungen Hasen, der verwundet am ge-

---

*) Vielleicht sollte man im Deutschen eher 'durchlichtende' sagen. (Anm. d. Vlg.)

genüberliegenden Ufer liegt. Ich beobachte ihn, wie er entblößt, gelassen und aufrecht da steht, bereit ins Wasser zu springen und den Fluss zu überqueren, um ihm zur Hilfe zu eilen. Die lebenssprühende und energievolle Gestalt im Sonnenlicht gleicht eher einem jungen griechischen Gott als dem Sohn jüdischer Eltern aus der Provinz, die dem Mittelstand angehören. Er nimmt das verwundete Tier in seine Arme. Fast augenblicklich ist die Verletzung geheilt, und der Hase springt voller Freude über die wiedergewonnene Freiheit davon. In diesem Augenblick bemerke ich die helle, magnetische Aura, die die Hände Jesu umgibt, eine Eigenschaft, die ihm während seines Wirkens in den folgenden Jahren von Nutzen sein wird. Bei einer späteren Gelegenheit war es mir möglich, die Heilkraft aus seinen Augen strömen zu sehen.

Niemals habe ich Jesus oder seine Anhänger in flatternden Gewändern, die Chorhemden glichen, gekleidet gesehen, wie es die meisten seiner »Darstellungen« zeigen. Er trug gewöhnlich eine kurze, manchmal lose gegürtete Leinentunika, darunter eine eng anliegende Untertunika, die von der Taille bis kurz über die Knie reichte und mit dem darüber liegenden Gewand abschloss. Seine Füße und Knöchel waren wunderschön proportioniert und behände, und er lief oft barfuß. Socken und Strümpfe wurden in jenen Tagen ohnehin nicht von Männern getragen, obwohl man hier und da jemandem mit feinen, dicht gewebten Stroh- oder Faserstrümpfen, die den heutigen Gamaschen ähnelten, begegnete. Jesus trug niemals Ringe, Amulette oder anderen Schmuck. Bei schlechtem Wetter nahm er einen mit einer Kapuze versehenen Umhang aus Kamelhaar, in den er sich manchmal fest einhüllte, was ihm das Aussehen eines heutigen Klosterbruders verlieh. Sehr selten führte er einen Stab aus Olivenholz mit sich. Wenn er umherwanderte und kletterte, war er ohne Umhang, Stab und Schuhe und trug die Tunika offen.

***

W.T.P.: Jesus war ein solch bemerkenswerter junger Mann, und es ist erstaunlich, dass er es fertig brachte, sich so lange der öffentlichen Aufmerksamkeit zu entziehen.

R.L.: Ich vermute, es gehörte zum »Plan«, dass er bis zu seiner Taufe durch Johannes den Täufer sozusagen verborgen, fast anonym bleiben sollte.

W.T.P.: Ja, zweifellos wurde er »versteckt« gehalten…Aber abgesehen davon waren die damaligen Menschen nicht so wach, geistig wach…heutzutage wäre es nicht so einfach.

R.L.: Joseph, der Vater Jesu, wird gewöhnlich als einfacher Zimmermann dargestellt. Trifft das zu?

W.T.P.: Keinesfalls »einfach«. Er war ein Meister seines Handwerks und konnte gut davon leben…Maria, seine Frau, die Mutter Jesu, stammte vom Lande. Sie war eine feine Frau…hoch gewachsen, gut gebaut, anmutig. Im eigentlichen Sinne schön war sie nicht. Gut aussehend. Gesund. Gütig. Sie strahlte Güte aus.

Maria von Magdala kam aus einer gebildeten und vornehmen Familie. Sie war eine Schönheit, eine ausgebildete Sängerin und Musikerin. Sie ist niemals ein Straßenmädchen gewesen. Mit neunzehn verliebte sie sich in einen Offizier der römischen Garde, der in der Nähe von Kapernaum stationiert war. Nach Beendigung seines siebenjährigen Auslandsdienstes kehrte ihr Liebhaber zu seiner Frau und seiner Familie nach Ostia zurück. Diese Trennung brach Maria das Herz. Sie hatte ihr Zuhause verlassen, um mit ihm zu leben und dadurch in den Augen ihrer Familie Schande über sich selbst gebracht. Um ihren Lebensunterhalt zu verdienen, sah sie sich nun gezwungen, in den Dorfschänken von Galiläa und Jordanien zu singen und zu tanzen. In dieser Zeit begegnete sie Jesus. Die tiefe Freundschaft, die sich zwischen den beiden entwickelte, rettete ihren Verstand und stellte ihr Selbstwertgefühl wieder her. Sie wurde eine selbstständige Heilerin, besuchte Leprastationen und arbeitete mit vernachlässigten Kindern und Waisen. Aufgrund der vielen Soldaten und Fremdenlegionäre, die sich damals in Palästina aufhielten, war die Ziffer der unehelichen Kinder ganz besonders hoch.

R.L.: Waren die Eltern Jesu tatsächlich Essener?

W.T.P.: Bei den Essenern gab es einen inneren Kreis. Joseph und Maria gehörten nicht dazu. Sie waren einfache Essener, und es waren nicht sie, die Jesus das esoterische Wissen vermittelten. Dieser Unterricht fand sehr viel später statt. Im Alter zwischen achtzehn und zwanzig Jahren verbrachte er mehrmals einen längeren Zeitraum in dem einen oder anderen ihrer Klöster in den Bergen um das Tote Meer. Hier wurde er auf seine Mission vorbereitet, den Mantel des kosmischen Christus anzunehmen.

R.L.: Beruht die Flucht nach Ägypten auf historischen Tatsachen?

W.T.P.: Das lag vor meiner Zeit…einige Zeit vor meiner Verbindung zu dem Jungen Jesus oder seiner Familie. Ich bezweifle kaum, dass diese Reise stattgefunden hat, obwohl sie nur von Matthäus berichtet wird. Ich habe die Geschichte immer wieder einmal gehört, und jedes Mal schienen die Einzelheiten von einem Geheimnis umgeben zu sein. Ich erinnere mich noch an die Worte einer trauernden Mutter: »Wenn sie doch nur bei uns geblieben wären, dann hätte die Hand des Herrn meinen Sohn gerettet und dem Gemetzel Einhalt geboten.«

Die esoterische Überlieferung spricht von einem sehr hohen Eingeweihten der ägyptischen Mysterienschule, den Joseph und Maria aufsuchten, damit er Jesus segnen möge. Abgesehen von den im Evangelium gegebenen Gründen für eine solch weite Reise mit dem noch kleinen Jesus, klingt diese Erklärung sinnvoll.

***

W.T.P.: Jesus liebte die freie Natur so überaus, dass er es als lästig empfand, in der Schreinerei seines Vaters angebunden zu sein. Er stand seinem Onkel, Joseph von Arimatäa, viel näher und verbrachte einen Großteil seiner Zeit mit ihm auf dessen Boot oder in dem hübschen Haus am Hügel, den Ländereien und Gärten in Judäa.

Soweit mir bekannt ist, handelt es sich bei den Erzählungen über die Reisen Jesu nach Indien, Britannien und anderswohin um Geschichten, die der Wahrheit entbehren. Während er schlief, reiste er weite Strecken (wozu einige geringere Sterbliche ebenfalls fähig sind) und mag so an vielen Orten des Orients erschienen sein...Meinen Erinnerungen zufolge begegnete er bei diesen Gelegenheiten zahlreichen Menschen, mit denen er sprach und die unter dem Eindruck gestanden haben müssen, dass sie sich mit einem tatsächlich verkörperten heiligen Mann unterhielten.

Als Teenager begleitete er seinen Onkel auf mehrere

Seereisen, erfreute sich seiner Freiheit von den Einschränkungen des Elternhauses und wurde ein ausgezeichneter Steuermann. Seine Liebe zum Meer, dem Wind und dem Himmel kannte keine Grenzen. Möglicherweise landete er während einer oder mehrerer dieser Reisen in Britannien. Die diesbezüglichen Legenden sind uralt und beharrlich. Ich möchte sie nicht kategorisch ablehnen.

***

W.T.P.: Während seiner Teenagerjahre war Jesus eine beständige Quelle der Beunruhigung für seine Mutter, da er tagelang verschwand und dann ohne weitere Erklärung wieder auftauchte.

Soweit ich mich erinnern kann, gab es Brüder und zumindest eine Schwester; und das Haus schien immer voller Kinder zu sein…

Die Beziehung zwischen Jesus und seinem Vater Joseph war oft recht angespannt. Zum einen besaß Joseph die Abneigung eines Handwerkers gegenüber der Art von Zigeunerleben, das sein Sohn schon so lange führte. Er betrachtete diesen Bettler als unwürdig, der Spross einer Familie zu sein, die den Anspruch erhob, über die Linie König Davids von Abraham abzustammen. Aufgrund dieser Entfremdung verbrachte Jesus einen großen Teil seiner Kindheit und seiner Jugend auf dem Gut seines Onkels. Wäre sein Onkel nicht so großzügig gewesen, hätten

Jesus und seine späteren Anhänger, die alles aufgaben, um ihm zu folgen, bittere finanzielle Not gelitten.

Bei den Geschichten der Brot- und Fischvermehrung handelt es sich um Parabeln. Meiner Ansicht nach waren die tatsächlichen Ereignisse, auf denen sie gründeten, in keiner Weise von solch wundersamer Größe, wie die Evangelien berichten.

Wie alle Eingeweihten, vollbrachte Jesus nur dann Wunder, wenn es unbedingt erforderlich war, oder aber zum Zwecke der Heilung. Niemals setzte er diese Kräfte ein, um sich selbst zu heilen. Es kam nur selten vor, dass er sich nicht ausgezeichneter Gesundheit erfreute. Ich erinnere mich jedoch, dass er einmal an einem schweren Malaria-Anfall litt. Er zeigte die üblichen Symptome und erholte sich in der üblichen Weise.

Deine Frage, ob er Wasser in Wein verwandelte, kann ich bejahen. Auf mentaler Ebene muss der richtige Ton angestimmt werden. (Ich habe dabei geholfen, recht starken Wein in reines Wasser zu verwandeln.) Jedesmal, wenn Jesus einen Wein- oder Ölkrug, einen Becher oder eine Schale in die Hand nahm, wurden diese Gegenstände und ihr Inhalt lebendig und funkelten, als seien sie verwandelt. Wie wunderbar Hände doch sein können! Wahre Zeichen für den Charakter. Wie hässlich, sogar schrecklich in ihrer Auswirkung jedoch manche Menschenhände auch sein können.

R.L.: Bitte beschreibe Joseph von Arimatäa ausführlicher.

W.T.P.: Er war hoch gewachsen, muskulös, kräftig und gesund…sehr intelligent. Er war ungewöhnlich sprachgewandt, fast ein Redner….und verfügte über den nötigen persönlichen Magnetismus. Er besaß eine Kaufmannsflotte und kannte sich hervorragend in Erzen aus; außerdem war er ein erstklassiger Landwirt, ein scharfsinniger Geschäftsmann…und bis zu einem gewissen Grad wohltätig.

Die Triebfeder seines emotionalen Lebens war die brennende Liebe für seinen Neffen Jesus – während dessen Erdendasein und auch danach. Ich glaube, der Talmud nennt ihn den Onkel Marias, was ihn zum Großonkel Jesu macht. Wenn das stimmt, dann lässt es sich kaum erklären, wie er während der Jugendzeit und des frühen Mannesalters Jesu noch in der Blüte seines Lebens stehen konnte, was sicherlich der Fall war. Falls der Talmud Recht haben sollte, wäre Joseph ein recht alter Mann gewesen, als er sich einige Jahre nach der Kreuzigung in Avalon niederließ.

Er hatte einen Sohn mit Namen Josephus, der einen Teil der Kaufmannsflotte seines Vaters übernahm. Josephus heiratete in Kairo und ging anschließend nach Osten.

Joseph besaß eine einflussreiche Stellung im Sanhedrin, jener Körperschaft, die das religiöse Leben der Juden regierte und die von den Römern geduldet wurde. Der Sanhedrin wurde nicht nur toleriert, sondern sogar geachtet.

Jahrelang beunruhigte mich die Frage, warum er der Kreuzigung fernblieb, so als ob er Jesus in der größten Krise seines Erdenlebens allein gelassen hätte. Doch meine gezielten Nachforschungen ergaben zwei Hauptargumente. Joseph von Arimatäa (dem es am Anfang niemals in den Sinn gekommen wäre, dass die Todesstrafe tatsächlich ausgeführt werden würde) kämpfte hinter den Kulissen unaufhörlich für eine Begnadigung, und zum Schluss hielt man ihn in der Stadt im Hause des Pilatus fest, weil man befürchtete, dass seine Anwesenheit am Kreuz einen Aufstand auslösen könnte.«

***

W.T.P.: Jesus liebte es, unter dem Sternenhimmel zu schlafen, wobei ihn Wind, Kälte oder Regen kaum störten. Er stand früh auf, wenn alle anderen noch schliefen, um über die Hügel und durch die Täler zu wandern. In unglaublich kurzer Zeit legte er ungeheure Entfernungen zurück. Gewöhnlich tauchte er vor dem Morgenessen dort wieder auf, von wo aus er aufgebrochen war, so frisch, als sei er gerade erwacht.

Einmal durfte ich ihn auf einem dieser Ausflüge im Morgengrauen begleiten. Der Weg führte uns oben am Jordan entlang, nordöstlich des Sees von Galiläa und in Richtung auf das schneebedeckte Hermon-Gebirge. Obwohl jung und abgehärtet, hatte ich Mühe, mit ihm Schritt zu halten. Trotz meiner Kurzatmigkeit erfüllte mich eine innere Ruhe, und ich schritt in unbeschreiblichem Frieden neben ihm. Gegen Abend dieses Tages lernte ich vieles, von dem ich endlich anderen mitteilen darf – die wahre Bedeutung des Lebens, der Zeit und der Ewigkeit. Die unüberwindliche Macht selbstloser Liebe und was Mitgefühl wirklich ist. Die Bedeutung der Stille, des großen Schweigens. Die Einheit des Lebens in jedem der sieben Naturreiche und die unendliche Majestät des gesamten Universums…

Wie wenig nahm ich damals in mich auf oder verstand es! Und wie lange hat alleine der Versuch gedauert, in die Tat umzusetzen, was mir damals aufgetragen wurde!

W.T.P.: Jene Morgenwanderung fand statt, als Jesus dreiundzwanzig Jahre alt war, also einige Zeit bevor der Christus ihn völlig umhüllte. Natürlich war er ein Eingeweihter, aber in seiner Jugend erfasste er noch nicht völlig die Bedeutung der gewaltigen Überschattung, die auf ihn zukam, selbst dann noch nicht, als er Johannes dem Täufer zum ersten Mal begegnete. All die legendären Hinzufügungen der späteren Jahre und Jahrhunderte über sein frühes Leben und die Zeit vor der Taufe sollten mit Vorbehalt aufgenommen werden. Es steht mir nicht zu, die Lehre von der jungfräulichen Geburt zu bestätigen oder zu bestreiten. Ich möchte nur feststellen, dass in jenen frühen Tagen die Glaubensfrage bezüglich der unbefleckten Empfängnis nicht existierte. Es gibt also keinen Grund anzunehmen, dass seine Anhänger oder seine eigene Familie jemals annahmen, seine Geburt sei in irgendeiner Weise übernatürlich gewesen.

Es heißt, es gebe noch ein Schriftstück, das Polycarp, der Sekretär von Johannes d. Ev., verfasste. (Johannes konnte weder lesen noch schreiben.) Es soll die Erinnerungen des Johannes enthalten, die er als alter Mann in Patmos aus dem Gedächtnis diktierte. Von jungfräulichen Geburten und dergleichen ist darin nichts zu finden.

Diese Aufzeichnungen sollen angeblich sorgfältig auf Wachstafeln niedergelegt worden und nach Polycarps Tod in die Hände der Christen-Gemeinde in Athen gelangt sein. Man hat sie wohl sogar nach Rom geschmuggelt. Viel später sind sie angeblich verloren gegangen oder verlegt worden, nachdem sie zwischenzeitlich die Runde bei den Christen in Smyrna und Antiochien gemacht hatten, um schließlich in den Besitz der Kaiserin Helena zu gelangen. Noch später bildeten sie einen Teil der großen Bibliothek Kaiser Justinians I.

Als sich vor wenigen Jahren die »Upper Room-Erkenntnisse« einstellten, wurde ich darauf hingewiesen, dass der genaueste Bericht über das letzte oder siebte Abendmahl von Johannes dem Polycarp diktiert worden war. (Johannes war der einzige Jünger, der die innere Bedeutung der Handlungen und der Lehren Jesu wirklich verstand.)

Meiner Ansicht nach werden diese einzigartigen Tafeln eines Tages entdeckt werden. Doch anscheinend ist diese Zeit noch nicht gekommen. Wenn es so weit ist, werden gewisse Bollwerke der Orthodoxie in ihren Grundfesten erschüttert werden.

W.T.P.: Ich möchte nochmals auf die Zeit Jesu zurückkommen. Er sprach gewöhnlich Aramäisch, die Umgangssprache in jenen Tagen. »Du sollst nicht« dies oder jenes tun, müsste eigentlich heißen: »Es ziemt sich nicht«, dieses oder jenes zu tun. Erst als die Aussagen Jesu ins Griechische (und später ins Lateinische) übersetzt wurden, muss sich dieser anprangernde Ton eingeschlichen haben. In der aramäischen Sprache Galiläas wurde der Imperativ, wenn überhaupt, nur äußerst selten benutzt. Jedenfalls nicht soweit mein Wissen reicht.

Ich habe Jesus niemals einen Befehl äußern gehört, auch nicht wenn er Griechisch sprach, was gelegentlich vorkam. Doch der geringste Hinweis seinerseits vermochte ein derartiges Empfinden von Macht, Autorität und Gewissheit hervorzurufen, das keinerlei Widerspruch duldete.

Wenn »Lehrer« von eigenen Gnaden über das Unsichtbare in einer befehlenden oder denunzierenden Sprache sprechen, kann man sicher sein, dass ihre geistige Entwicklung nicht sehr hoch ist.

***

W.T.P.: Weißt du, warum Jesus das Senfkorn mit dem Reich Gottes in Zusammenhang brachte? Nicht wegen seiner Größe, denn es gibt noch kleinere Samenkörner. Man sagte mir, das Senfkorn sei der einzig bekannte Samen, der insofern rein ist, als er, abgesehen von seiner eigenen Art, nicht mit einem Samen oder einer Pflanze einer anderen Spezies gekreuzt oder gepfropft werden kann. Er ist ebenso unantastbar wie der wahre Glaube selbst.

***

R.L.: In einem Brief an W.T.P., in dem es um die Oberflächlichkeit, scheinbare Widersprüchlichkeiten und Verwirrungen in den vier Versionen des Neuen Testaments in Bezug auf das Leben Jesu geht, zitierte ich eine Stelle (Markus-Evangelium), die mich immer beschäftigt hatte. Auf den ersten Blick handelt es sich um die einfache oder eher nüchterne Darlegung einer seltsamen, anscheinend unerheblichen Begebenheit in dem Bericht über die Festnahme Jesu. Dennoch konnte ich mich des Eindrucks nicht erwehren, dass etwas anderes dahinter lag, ein Anhaltspunkt, verschlüsselt oder absichtlich hineingebracht, der auf ein Geschehen hinwies, das von allergrößter Bedeutung im Rahmen des gesamten Dramas war.

»Und ein Jüngling ging ihm nach, der war mit einem linnenen Gewand auf dem bloßen Leib bekleidet; und sie wollten ihn festnehmen. Er aber ließ das Gewand fahren und entfloh nackt.« (Markus 14, 51-52)

In seiner Erwiderung bemerkte W.T.P.: »Der Jüngling, der unbekleidet entfloh. Ich habe versucht, seiner Identität für dich nachzuspüren. Eine lange Spur führte schließlich zu seinem gegenwärtigen Aufenthaltsort in seinem jetzigen Leben. Er bat mich, aus privaten Gründen, die er nicht nennen wollte, seine Identität nicht zu enthüllen...«

(Diese völlig unerwartete Antwort sollte mich wohl zum Schweigen bringen. Einige Wochen später jedoch griff W.T.P. das Thema von selbst noch einmal auf.)

Nachfolgend ein weiterer Auszug aus demselben Brief:

»Es gibt eine Art exoterische Zusammenfassung der Akasha-Chronik, die bisweilen von Wahrheitssuchern angezapft wird. Diese exoterischen Aufzeichnungen darf man sich nicht als materielle, gebundene und gedruckte Bücher vorstellen, die in irgendeinem Geheimkeller oder einer versiegelten unterirdischen Erdhöhle liegen. Es handelt sich dabei um eine Widerspiegelung oder Projektion aus der inneren Akasha-Chronik auf unsere Äther-Ebene. Letztere steht nur der geistigen, nicht der übersinnlichen Schau offen.

Die Schwingungen, die das Leben und die Taten Jesu in unserer planetarischen Äther-Ebene hinterlassen hat, sind immer noch sehr stark und können sich in Form einer Art Fernsehserie manifestieren. Menschen, die zufällig auf eine solche Aufzeichnung stoßen, beginnen nicht selten, sich mit der einen oder anderen Person im Gefolge Jesu zu identifizieren. Falls eine egozentrische Neigung besteht, sehen sie sich selbst schließlich tatsächlich als diese historischen Persönlichkeiten. Sehr viele Leute, die heute leben, werden dir versichern, dass sie Petrus, Johannes, Maria Magdalena und so fort gewesen sind…ungeachtet der Tatsache, dass nicht nur ein einziges Individuum den Anspruch auf ein und dieselbe biblische Persönlichkeit erhebt. (Sollte dieser Punkt zur Sprache kommen, kann man oft hören: »Oh, die anderen sind natürlich alle getäuscht worden, durch falsche »Führer« oder ihr eigenes Wunschdenken!«) Diese Art der Verirrung schließt die Tatsache nicht aus, dass viele, die zur Zeit Jesu gelebt haben, als Wegbereiter eines neuen, nun beginnenden Kapitels in der Menschheitsgeschichte jetzt wieder auf der Erde weilen. Du wirst niemals einem wahren Eingeweihten begegnen, der seine vergangene Identität enthüllen wird. Es verstößt gegen die Regel.

Die uns überlieferten Evangelien sind natürlich keine Augenzeugenberichte. Sie stützen sich größtenteils auf Hörensagen, manchmal auf die Erinnerungen von Männern und Frauen, die selbst nicht schreiben konnten. Doch geheimnisvollerweise wurden die Evangelisten und auch einzelne Chronisten des Neuen Testaments gelegentlich »überschattet« und inspiriert, damit wenigstens ein Teil der Wahrheit an zukünftige Generationen weitergegeben werden konnte.

Jesus hätte als Eingeweihter niemals Einzelheiten über seine Verbindung mit und Versuchung durch den »Satan« offenbart, für die es keine Augenzeugen gab. Aus diesem Grunde ist uns die seltsame Aufzeichnung, die wir von diesen Ereignissen besitzen, in der oben genannten Weise überliefert worden.

∗∗∗

W.T.P.: Ich (das »Ich«, mit dessen Geist sich der augenblickliche Schreiber vorübergehend vollkommen identifiziert hat) war noch ein Junge, als Jesus ein oder zwei Nächte bei meinen Eltern, deren einziger Sohn ich war, wohnte. Damals lebten wir auf einem Bauernhof in der Nähe von Tyrus. Meistens arbeitete ich den ganzen Tag auf dem Feld. Manchmal ging ich zum Fischen. Ich erinnere mich noch, wie Jesus sprach und wie er aussah und welche Freude er uns allen bereitete. Das war lange bevor er berühmt und von den Massen vereinnahmt wurde. Am ersten Tag seines Besuchs trat er kurz vor Sonnenuntergang aus dem Gästezimmer, in dem er gebetet hatte, und forderte mich auf, einen Hocker zu nehmen. Wir wanderten zum Dorfbrunnen hinauf. Er ließ sich neben ihm nieder und bat mich, die Nachbarskinder herbeizuholen. Wir setzten uns im Kreis um ihn herum, und er begann, Wunderdinge über Vögel, Blumen und Bäume zu erzählen, wie er mit ihnen sprach und lebte; wie er mit den Fischen redete und in deren Wesen und Leben eintrat, wenn er in Galiläa und Jordanien zum Schwimmen ging.

Später kamen meine Mutter und mehrere andere Frauen zum Brunnen, um die Wasserkrüge zu füllen. Jesus half ihnen, das Wasser hochzuziehen. Er segnete die Krüge und das darin enthaltene Wasser. Meine Mutter schickte mich in die Wirtschaft, um den Vater zu holen, damit er nach Hause komme und das von Jesus gesegnete Wasser mit uns teile.

Diese beiden glücklichen Tage werde ich in alle Ewigkeit niemals vergessen.«

W.T.P.: Kein Wunder, dass seine eigene Familie oft verwirrt war und sich entfremdet fühlte. Einige seiner Bemerkungen schienen ihnen ein Hinweis zu sein, dass er keine besondere Bindung zu ihnen empfand. Diese Bindung war tatsächlich so lose, dass er als Junge erst nach Tagen der Abwesenheit vermisst wurde. Wenn Joseph von Arimatäa doch nur einige schriftliche Aufzeichnungen über die Jugend und frühen Jahre seines Erwachsenseins hinterlassen oder seine leidenschaftliche Liebe für das Meer, die Bootsfahrten und das Schwimmen beschrieben hätte oder wie er des Öfteren mehrere Tage lang auf dem Rücken eines Kamels mit der Karawane zog; und wie er sich bei bestimmten Mondphasen in Höhlen oder auf Hochebenen zurückzuziehen pflegte und verklärt und erfrischt zurückkehrte!…

Er verstand es, in den Feldern Entwässerungsgräben zu ziehen oder wilde Kräuter zu Heilzwecken und für den Küchengebrauch zu sammeln. Er liebte alle schöpferischen Arbeiten in der Landwirtschaft. Er melkte die Kühe, hütete zusammen mit Josephus die Schafe und half bei der Geburt von Kälbern und Lämmern und pflügte das Feld mit Ochsen und Eseln. All das geschah, als er noch Jesus war, der junge Mann, der verborgene Eingeweihte, lange vor seinen letzten drei Lebensjahren.

Oft half er, das ungesäuerte Brot in der Küche seiner Tante vorzubereiten und zu backen. Dieses große, kuchenförmige Brot konnte gebrochen (niemals geschnitten) werden und bildete zusammen mit Feigen, Oliven und Gemüsen seine liebste Nahrung. Aus Fleisch und Fisch machte er sich nichts. Wein trank er nur bei feierlichen Anlässen. Er fischte niemals um der Nahrung willen, sondern trat häufig mit den Geschöpfen des Meeres und des Flusses und den Wassergeistern selbst in Verbindung.

Ich sehe ihn die Olivenbäume emporklettern und die Früchte hinunterschlagen. Ich höre ihn lachen und rufen, als der Olivenregen auf Josephus prasselt, der unter dem Baum steht. Mit einem Sprung steht er neben seinem Vetter, und Arm in Arm, fröhlich plaudernd, machen sich die beiden Jungen auf, um einen Berg zu erklimmen.

**

R.L.: Das interessanteste Merkmal dieser »Erkenntnisse« ist die Betonung der gehobenen Stimmung, der Lebensfreude. Das wurde immer wieder nachdrücklich hervorgehoben, nachdem ich bemerkt hatte, dass bestimmte Passagen der Evangelien nicht den Eindruck eines »vollkommenen Mannes«, sondern einer groben, ausfallenden, jammernden Person vermittelten, die unfruchtbare Exemplare des Pflanzenreichs verfluchte, Tische umstürzte, mit einer Peitsche aus geknotetem Seil um sich schlug und die unglückliche Schweineherde in ihr Verderben trieb. Diese Beispiele wilden Benehmens hatten mich früher sehr betroffen gemacht. Sie schienen ein nicht ganz sympathisches Bild zu formen und außerdem völlig abzuweichen von dem sanftmütigen, milden, gütigen Jesus, leidend und sterbend für uns miserable Sünder, eine Tradition, in der ich aufgezogen worden war oder, besser gesagt, in der man mich zappeln ließ. Das Empfinden dieser Zweiteilung hatte, für mich, solange ich denken konnte, einen mentalen Stolperstein gebildet und mich daran gehindert (und zweifellos auch viele andere), alleine die geistige Macht, das Geheimnis und die erschütternde spirituelle Autorität einiger seiner Aussagen und Taten zu erfassen. Dieses »Kind mit dem traurigen Namen«, wie Jill Furze ihn in ihrem unvergesslichen *Carol* nennt, muss manchmal gelacht oder gelächelt haben…aber nur im Johannes-Evangelium finden wir einen Hinweis dieser Freude.

Nachstehend einige von W.T.P.s Erläuterungen und Erklärungen dazu:

Was die zentrale christliche Lehre anbelangt, dass Jesus aufgrund seines Martyriums unsere (menschlichen) Sünden auf seine Schultern nahm und sie dadurch vermutlich alle auslöschte – eine solche Überzeugung würde natürlich das karmische Gesetz von Ursache und Wirkung im Hinblick auf Leben und Verhaltensweise

66

des Menschen ein für alle Mal ungültig machen. Immer wieder begegnet man aufrichtigen, streng gläubigen Christen, die nach ihrem Tod entsetzt und bestürzt feststellen müssen, dass ihre eigenen (karmischen) Schulden nicht weggewischt sind. Für viele besteht das Fegefeuer somit aus einem Zustand der Erschütterung und Enttäuschung, in den sie versinken, wenn sie feststellen, dass sie alleine dafür verantwortlich sind, die entscheidenden Schritte zu unternehmen, um schließlich »erlöst« zu werden.

Was den Vorfall im Tempel betrifft, hatte sich Jesus sehr streng geäußert und war bereits in den Hof hinausgegangen, als einige seiner übereifrigen Anhänger in die Tempelflure zurückkehrten und ohne seine Zustimmung begannen, die Tische umzustürzen, sich mit den Geldverleihern anzulegen und einen solchen Aufruhr zu verursachen, dass die Tempelwache eingriff, um wieder Ordnung herzustellen. Die Verantwortlichen konnten in dem Handgemenge fliehen. Einige von ihnen wurden jedoch später gefangen genommen, eine Zeit lang eingekerkert, ausgepeitscht, mit einem Bußgeld belegt und dann freigelassen.

Alle diese unangemessenen und unglücklichen Ereignisse boten dem Meister Anlass zu großer Besorgnis und führten dazu, dass er von den jüdischen wie auch den römischen Amtsgewalten verfolgt und genau beobachtet wurde.

Zur Verfluchung des Feigenbaums ist zu sagen, dass weder der Evangelist Lukas noch Johannes diese Überlieferung für erwähnenswert hielten. Als Eingeweihter konnte Jesus, wenn nötig, unendlich lange von Luft und Wasser leben. Die Erwähnung seines »Hungers« nach stofflicher Nahrung, wie hier die Feigen, ist eine höchst unwahrscheinliche Interpretation. Dieser angebliche Vorfall ereignete sich kurz vor dem Passahfest, also vor dem fünfzehnten März. Jesus wusste natürlich ganz genau, dass zu dieser frühen Jahreszeit nicht die kleinste Feige in Palästina zu sehen sein würde. Einen Baum zu verfluchen, nur weil er außerhalb der Saison keine Früchte trug, wäre unmöglich für ihn gewesen…Übrigens, in einigen orientalischen Mythologien wird die Weinrebe und ihre Frucht als Symbol für geistige Erleuchtung und Freude betrachtet; der Apfel oder Granatapfel als Gefäß für Gut und Böse; und die Feige versinnbildlicht materielles und sinnliches Wissen und Vergnügen. Doch ich glaube, die Geschichte, dass Jesus einmal einen Feigenbaum verfluchte, ist reiner Mythos.

Was die Episode mit den Schweinen anbelangt, übergehen Markus und Johannes diese Überlieferung oder Legende vollkommen. Matthäus und Lukas stützten sich offensichtlich auf dieselbe Quelle, obwohl bei Matthäus von zwei Männern die Rede ist, die mit Teufeln aus den Gräbern (die oben in den Bergen lagen) behaftet waren, während Lukas nur einen Mann erwähnt. Matthäus spricht wohl von einem See, Lukas hingegen vom Meer, wobei beide zweifellos den See Genezareth meinten.

Ein zufälliger Wolkenbruch (soviel mir bekannt ist) hatte die Schweine erschreckt, was wohl in keinem Zusammenhang mit dem Austreiben unreiner Geister stand. Es trifft auch zu, dass die unglücklichen Tiere eine enge Schlucht hinunter rasten und den Blicken entschwanden. Aber das geschah meilenweit vom See entfernt! Niemand von den wenigen Zuschauern konnte lesen oder schreiben. Die Geschichte ging von Dorf zu Dorf, wobei jeder, der sie hörte, eine Kleinigkeit aus eigener Fantasie hinzufügte, was sich nach Jahren – als man begann, die zahlreichen Geschichten, die sich um Jesus rankten, zu sammeln und aufzuzeichnen – zur Grundlage der »wundersamen« Berichte, die wir in den Evangelien vorfinden, heranbildete.

Seltsamerweise sollen die »Teufel« Jesus angefleht haben, sie nicht in die »Tiefe« zu stürzen. Nach heidnischem Glauben sind alle Lebensformen auf diesem Planeten aus dem Meer emporgetaucht. »Vom Meer verschlungen zu werden« hieß, zum Ursprung zurückzukehren, um sich zu erneuern. Die Hebräer betrachteten die Schweine als unreine Geschöpfe, deren Fleisch den orthodoxen Juden verboten war. Sie eigneten sich jedoch dazu, »böse« Geister zum »Meer« zurückzutragen, damit sie umgewandelt würden und rein und erneuert schließlich wieder emportauchten. Man kann hier die mögliche Quelle eines anderen Elements in dieser seltsamen Episode, die so sehr im Widerspruch zum Charakter und den Lehren Jesu steht, entdecken. Ich wage zu behaupten, dass man die verwickelten Fäden entwirren und zu einer vernünftigen Schlussfolgerung gelangen könnte… Ich persönlich betrachte die Geschichten vom Feigenbaum und den Schweinen als weitgehend unecht und von teils symbolischer Natur. Ein autobiographisches Element soll meine Ansicht verdeutlichen.

Im Jahre 1918 war ich daran beteiligt, dafür zu sorgen, dass Maßnahmen ergriffen wurden, um das Leben des persischen Propheten Abdul-Baha und seiner Familie vor einem möglichen Anschlag von Seiten der Türken zu schützen, als wir Haifa belagerten und auf Mount Carmel zustrebten, wo sich die Niederlassung der Bahai befand.

Was ich tat, hätte jeder andere in meiner Position (als Major des Nachrichtendienstes), der die Fakten beizeiten entdeckt hätte, auch tun können.

Dieser Vorfall ereignete sich vor etwa fünfzig Jahren. In Persien und Indien ist daraus inzwischen aber eine Legende geworden. Für die Anhänger des Abdul-Baha steht dieser auf der gleichen geistigen Ebene wie Jesus. In ihren Schriften bin ich zum Heiligen geworden – zum

Seher, der über himmlische Kräfte verfügte, durch dessen Hilfe (stark ausgeschmückt) ihr Meister der Kreuzigung durch den türkischen Militärgouverneur von Haifa entging. Ich vermute, diesen Gläubigen werden heute die »genauen Stellen« gezeigt, an denen die Galgen errichtet wurden, als wir die Stadt damals stürmten.

Wenn nun in der heutigen Zeit, mit ihren Druckmöglichkeiten, der Fotografie, der Medien und einem beachtlichen Maß an Bildung, eine historische Tatsache in ein Wunder verwandelt wird, das der Offenbarung wert ist, und das innerhalb von fünfzig Jahren, was kann da nicht alles innerhalb eines Jahrhunderts oder mehr nach der Zeit Jesu hinsichtlich dessen geschehen sein, was er gesagt und getan hat? Und all dies bevor etwas niedergeschrieben wurde, dann vom Aramäischen ins Hebräische, Griechische und Lateinische übertragen; dann immer wieder abgeschrieben und mit Anmerkungen versehen, wobei jeder Abschreiber seinen eigenen Kommentar oder seine vorgefasste »Auslegung« hinzufügte. Da wundert es, dass überhaupt etwas übrig geblieben ist, das wirklich als authentisch betrachtet werden kann.

Das persönliche Anliegen Jesu bestand darin, dass seine Lehren und sein Lebenswerk »im Himmel eingetragen«, das heißt unauslöschlich eingeprägt wurden in die unzerstörbare Akasha-Chronik des Lebens. Er selbst schrieb niemals etwas nieder. Die Lehren des Christus in ihm galten für alle Zeiten – Grundlagen von solch kosmischem Maßstab, dass sie auf alles und in jeder Periode der Erdgeschichte angewendet werden können.

***

W.T.P.: Kurz nachdem die ersten Jünger ausgewählt und zusammengebracht worden waren, ereignete sich etwas, das mir noch lebendig in Erinnerung ist, obwohl ich nicht glaube, dass in den vier Evangelien direkt darauf Bezug genommen wird. Die Sonne war im Begriff unterzugehen, als Jesus ihnen, nicht weit von Kapernaum am Seeufer, von den großen Ereignissen berichtete, mit denen sie bald in Berührung kommen sollten. Neben vielen anderen Dingen von tiefgründiger und prophetischer Bedeutung, machte Jesus eine Aussage, die bei seinen Zuhörern Bestürzung auslöste. Er kündigte das Heraufdämmern eines neuen Zeitalters an und wies darauf hin, dass die Wehklagen der ehrwürdigen hebräischen Propheten ein geschlossenes Buch seien, das nicht länger als Autorität gelten werde oder in Zukunft sogar streng zu befolgen sei.

Damals stand der Jünger Simon (Petrus) Jesus am nächsten. Deshalb war er es, der die allgemeine Bestürzung zum Ausdruck brachte, als er Jesus die Stellung und den dauerhaften Wert der so genannten Propheten des

Alten Testaments anscheinend schmälern hörte. Solche Worte klangen in den Ohren der nach diesen heiligen Büchern ihrer Vorfahren erzogenen Juden beängstigend ketzerisch.

Ihre Beunruhigung scheinbar nicht beachtend, fuhr Jesus fort, ihnen über »das Buch des neuen Zeitalters« zu erzählen, dessen Inhalt alles Vorangegangene ersetzen sollte. Für den Beobachter sah es so aus, als ob Jesus in seiner Begeisterung tatsächlich die Herabkunft des »Himmelsreichs auf Erden« noch während des Lebens seiner Anhänger voraussagte.

Er sprach vom »Schemel seines Vaters«, als handele es sich um die wirkliche Welt, in der wir leben, indem er andeutete, dass diejenigen, die ihn zu erklimmen lernten, um die Füße Gottes zu küssen, unverzüglich in den Himmel gelangten. Simon und einige andere waren mit Sicherheit davon überzeugt, dass sie in Kürze die Herabkunft des Himmelreichs mit ihrem Meister als unumschränkten Herrscher erleben würden können.

Es war nur allzu natürlich, dass sie nicht verstanden, dass Jesus von einer fernen Zukunft sprach, einer Zukunft, die Tausende von Jahren entfernt lag, wenn die Menschen erneut beginnen würden, wahre Kinder Gottes zu werden!

Zu einem späteren Zeitpunkt, ebenfalls bei Sonnenuntergang am Seeufer, sprach Jesus ausführlich über den

Weg, auf dem der durch seine Eltern Fleisch gewordene Mensch noch während seines Erdendaseins im Geiste wiedergeboren werden konnte. Es war Andreas, der ihn über seine eigene (Jesu) Geburt und die Gerüchte, die in der Luft lagen, befragte. Jesus erwiderte, dass der Christus-Geist, der in ihn getreten sei, »damit sich die Schrift erfülle«, die Zeit ankündige, in der die gesamte Menschheit erhoben und durch dieselbe Erfahrung erlöst werden würde. Jene Zeit, in der die Menschen und die Engel gemeinsam auf der Erde als Söhne und Töchter des einen Gottes wandeln werden.

Und wieder wurden seine Worte von den Zuhörern fehlgedeutet, indem sie annahmen, dass diese Stunde bald schlagen würde. Im Licht der Geschichte gesehen, verwundert es einen Beobachter nicht, dass die Jünger in den frühen Tagen ihrer Ausbildung oft verblüfft und erstaunt gewesen sind.

Jesus schien ihnen nie erklärt zu haben, wann er als Individuum zu Individuen und wann der Christus durch ihn sprach – nicht so sehr zu den Anwesenden, als zu den unzähligen, noch ungeborenen Generationen. Mitten in einer Unterhaltung über Alltagsdinge konnte sich sein Gesichtsausdruck verändern und seine Rede prophetisch werden. Dann richteten sich die geoffenbarten Worte an die ganze Menschheit aller Zeitalter… Aber diejenigen, die tatsächlich zuhörten, bezogen seine Prophezeiungen und Aussagen auch weiterhin ausschließlich auf sich selbst und ihre eigene Generation.

Ich spreche natürlich von den drei Jahren am Ende seines kurzen Lebens, als der Christus ihn erfüllte und sein gesamtes Wesen durchdrang. In früheren Jahren war er durchaus ein Mann unter Männern, der eine Sprache sprach, die sie verstanden, oft beredt, anregend, aber stets einfach. Erst nach der Begegnung mit Johannes dem Täufer begann die ungeheure Größe seiner Mission, die vor ihm lag, hervorzuleuchten und ihn allmählich zu erfassen.

Bis zu seinem tragischen Ende war Johannes sich nicht wirklich sicher, ob der, den er neben so vielen anderen getauft hatte, der Eine war, dessen bevorstehende Ankunft er, der Täufer, entgegengeblickt und sie vorausgesagt hatte.

Ich bin sicher, dass es noch Aufzeichnungen gibt, die der Entdeckung warten und die das Geheimnis der scheinbar doppelten Persönlichkeit des Meisters und den Wandel erhellen werden, der sich in ihm in den Wassern des Jordan in seinem achtundzwanzigsten Lebensjahr vollzog.

***

W.T.P.: Jesus, der Mensch, wurde über Zeitalter hin für seine Aufgabe vorbereitet, nicht nur auf diesem Planeten. Er ist nur als er selbst wiedergeboren worden. Damit meine ich, dass, wenn er eine physische Form annimmt und in dieser kommt und geht (zu irgendeinem bestimmten Zweck), diese Form anonym bleibt und niemals der Körper irgendeiner historischen Persönlichkeit gewesen ist.

Kein wahrer Eingeweihter legt sich einen irdischen Namen oder eine irdische Persönlichkeit zu, wenn er vorübergehend Körpergestalt annimmt. Andere, die zu seinen Füßen sitzen, mögen ihm einen Titel verleihen, um diesen unter sich zu gebrauchen, aber das ist etwas anderes.

Es gibt zwei Arten der Verkörperung, durch die sich ein Adept manifestieren kann.

1.) Durch die bereitwillige Annahme einer gewöhnlichen, physischen Geburt.

2.) Durch das Anlegen einer physischen Hülle, wenn dies erforderlich wird.

Nach seiner gewaltigen Überschattung[*] erlebte Jesus eine dauerhafte Erweiterung seiner aurischen Kraft, die so stark ist, dass »Ausschnitte« dieses Einflusses durch bescheidene und fromme Menschen, wie Franziskus, Pater Pio, Papst Johannes XXIII. und andere, widergespiegelt werden können.

***

---

[*] Durchlichtung

W.T.P.: Du hast irgendwo gehört oder gelesen, dass Jesus von Geburt an hinkte. Unsinn…Es trifft allerdings zu, dass er als Fünfzehnjähriger auf der Fahrt mit einem der Schiffe seines Onkels von Jaffa nach Alexandria während eines Sturms sein Schienbein anschlug. Damals lernte er gerade, das Steuer zu handhaben. Er humpelte danach für einige Wochen, was aber nie wiederkehrte (obwohl er ein wenig zu hinken schien, als er am Ende seines Erdenlebens das Kreuz hinauftrug.)

***

»Da brachten die Schriftgelehrten und die Pharisäer eine Frau, die beim Ehebruch ergriffen worden war, stellten sie in die Mitte und sagten zu ihm: »Meister, diese Frau ist auf frischer Tat beim Ehebruch ergriffen worden. Im Gesetz aber hat uns Mose geboten, solche zu steinigen. Was sagst nun du?«… Da bückte sich Jesus nieder und schrieb mit dem Finger auf die Erde. Als sie ihn aber beharrlich weiterfragten, richtete er sich auf und sprach: »Wer unter euch ohne Sünde ist, werfe den ersten Stein auf sie!« Und er bückte sich wiederum nieder und schrieb auf die Erde.« (Joh. 8, 3-8)

Vermutlich (schrieb ich, R.L.) enthielt diese irreführende Verhaltensweise Jesu eine Art Antwort und bezog sich auf die Situation und die Frage. Aber wie? Oberflächlich gesehen könnte man annehmen, er nehme sich Zeit zum Nachdenken, da er wusste, dass die Frage eine

Falle war, oder er schützte sich dadurch mit einer Art »weißer Magie«. Doch keine dieser Auslegungen scheint den wahren Sachverhalt zu treffen. In dem Bild des sich niederbeugenden und auf die Erde schreibenden Jesus schwingt unterschwellig etwas mit, das weit jenseits unseres Fassungsvermögens liegt.

Er schrieb in Hieroglyphen, erwiderte W.T.P., nicht in Buchstaben; der Inhalt ist noch nicht enthüllt. Obwohl im Grunde genommen ganz einfach, wäre die eigentliche Bedeutung für die Umstehenden zu esoterisch gewesen, um sie aufnehmen zu können. Trotz seiner Männlichkeit, im menschlichen Sinne, ist Jesus niemals eine sexuelle Verbindung mit einer anderen Person in seinem Erdenleben eingegangen. Vielleicht war es aus diesem Grunde sogar für ihn schwierig, den tückischen Zwang sexueller Versuchung, der die meisten in seiner Umgebung unterlagen, vollständig zu verstehen. Zweifellos aber war er sich des enormen Drucks bewusst, den die Natur zum Zwecke der Fortpflanzung in den sieben Reichen ausübt. Das sexuelle Problem, mit dem daraus resultierenden unaufhörlichen Kampf zwischen der höheren und niederen Natur des Menschen, beschäftigte ihn zutiefst, wozu auch die Doppelmoral gehörte, die damals ebenso weit verbreitet war, wie es heute der Fall ist.

Meiner Ansicht nach wollte Jesus durch sein Schreiben sicher gehen, dass sich seine Einstellung zur Sittlichkeit und sein Beispiel, das er aufgrund seiner eigenen Reinheit setzte, bleibend in das Menschenbewusstsein eingravierte. Diese Handlungsweise verlieh dem Sicherheitsgefühl, das er der Frau vermittelt hatte, mehr Nachdruck. Er tränkte den Boden mit einem bestimmten Gedankenimpuls. Auf diese Weise »geerdet«, konnte er zugänglich und wirksam werden – nicht unmittelbar, nicht innerhalb einer Periode, die in Jahrhunderten irdischer Zeit gemessen werden kann, sondern im Sinne »jenes weit entfernten, göttlichen Ereignisses, auf das sich die gesamte Schöpfung zu bewegt«. Es handelte sich um einen ungeheuren, kosmischen Akt.

Man könnte sagen, dass die Sexualität, wie wir sie kennen, eine verhältnismäßig vorübergehende Phase im gesamten Evolutionsprozess darstellt.

Für eine unendlich lange Zeitperiode, nachdem die menschliche Form aus der rein tierischen Form hervorgegangen war, enthielt sie nur eine primitive Seele, die den animalischen Instinkten und Leidenschaften völlig erlegen war. Die Lebensessenz gehörte selbst damals der ewigen Seinsordnung an, war aber nicht durchdrungen von irgendeiner eigenen, individualisierten Intelligenz. Es gibt weder eine historische noch mythologische Aufzeichnung, die uns über den Abstieg des ersten großen Boten berichtet, den der göttliche Wille durch die schöpferische Hierarchie auf die Erdebene sandte. Sein Name und seine Mission sind in den Nebeln der Zeit verloren gegangen, und er ist längst jenseits und über die Grenzen unseres Solarsystems hinausgeschritten. Doch man darf wohl sagen, dass der Hauptgrund seines Kommens darin bestand, Gegebenheiten zu schaffen, unter denen die menschliche Seele beginnen konnte, Besitz von den Körperformen zu schaffen, die bis dahin animalischer Natur gewesen waren. (Einige Seher glauben, dass dieser »Abstieg« ein Ereignis kennzeichnet, das als der Sündenfall beschrieben wird.) In jedem Fall und zweifellos aus Evolutionsgründen für uns noch nicht ersichtlich, brachte dieser Abstieg jene Dualität des Handelns hervor, die zu dem scheinbar unvermeidbaren Konflikt zwischen der animalischen Natur des Menschen und seinem menschlichen Selbst geführt hat, ein Dilemma, das immer noch die Hauptrolle in der Lebenserfahrung von uns allen spielt.

In dieser unermesslich fernen Vergangenheit der Geschichte entstand die Trennung der Geschlechter. Diese Teilung, mit ihrem nachfolgenden Kampf zwischen der Materie und dem Feinstofflichen (oder Geist) ist schwierig für uns zu verstehen. Sexualität, die in dieser Welt der höchste Weg zurück zur Einheit sein kann und somit zur Ewigkeit, ist auch das größte Hindernis.

Betrachtet man das Problem aus nicht metaphysischer Sicht, könnte man annehmen, dass vor dieser scheinbar katastrophalen Trennung alle Lebensformen auf dem Planeten ohne differenziertes Geschlecht, wie wir es kennen, waren und trotzdem fortpflanzungsfähig gewesen sein müssen.

Als Jesus auf der Erde weilte, erkannte er in prophetischer Schau, dass die Menschenrasse noch tiefer in den Materialismus und die Sinnlichkeit eintauchen musste, bevor die Begrenzung des abwärts weisenden Bogens erreicht war und die Aufwärtsbewegung im Evolutionszyklus beginnen konnte. Aus diesem Grunde war es ihm nur möglich, in einer an sich einfachen Sprache zu lehren, die dennoch vom Impuls der Grundprinzipien, auf denen sich alle Lebensprozesse und Fortschritte gründen, durchdrungen war. Der Mensch war und ist dazu bestimmt, den Kelch bis zum Grund zu leeren, den er selbst gestaltet und mit Trauer, Leid, Selbstsucht, Geiz, Neid, Furcht, Eigenwillen und allen nur denkbaren Exzessen und sexuellen Ausschweifungen angefüllt hat.

Das Eintauchen in die Materie konnte durch die Fleischwerdung von Jesus, dem Christus, nicht aufgehalten werden. Es musste noch über zweitausend Jahre weitergehen, bevor die Aufwärtsbewegung einsetzen konnte – größtenteils aus den Tragödien heraus, die sich aus dem Einsinken in den Sumpf des gröbsten Materialismus ergeben hatten. Für diesen seltsamen Prozess des Abstiegs in die niedersten Ebenen steht das Beispiel jener Männer und Frauen, die sich absichtlich jeder möglichen sexuellen und anderweitigen Erniedrigung als einer scheinbar notwendigen Vorbereitung zur Erlangung letztendlicher Erlösung hingegeben haben.

Jesus konnte nur sehr wenigen erklären, warum es keinen Sinn hatte, die Massen mehr zu lehren, als sie anzunehmen vermochten. Er war sich dessen wohl bewusst, dass seinen Nachfolgern die Aufgabe geistiger Offenbarungen oblag, die das, was ihm selbst nicht erlaubt war zu vermitteln, bei weitem übersteigen würde. Aus diesem Grunde ist es wichtig, die »Perlen« der Weisheit zu suchen und zu enthüllen sowie zu verstehen, dass Jesus eher durch seine Aura und sein Beispiel überzeugte als allein durch seine »Worte«.

***

W.T.P. Es wird überliefert, dass in einer Zeit größter politischer und sozialer Unruhe, an einem Markttag, draußen vor den Toren von Damaskus, einige ihm Nahestehende trotz des lärmenden Getöses eines aufsässigen und feindseligen Pöbels gehört haben wollen, wie der damals einunddreißigjährige Jesus die Worte sprach: »Ich sage euch, was immer ihr tun werdet, tut es in meinem Namen, damit ihr in das Königreich eintreten und Frieden finden werdet.«

Natürlich machte Jesus derartige Aussagen niemals auf eigene Verantwortung. »Mein Name« bezieht sich auf den ewigen Christus, von dem er überschattet wurde.

Wie in so vielen Äußerungen, die uns mehr oder weniger unangetastet überliefert worden sind, enthalten sie eine tiefe Bedeutung, die weit jenseits von Worten liegt. Wir sollen »den Christus« unmittelbar in jede Einzelheit unseres Lebens herabbringen, in unser Denken und Fühlen, unser Tun und Treiben, in unsere Beziehung mit unserem inneren Selbst und mit unseren Mitmenschen. Wir werden aufgefordert, alle unsere Aktivitäten mit »seinem Namen« zu prägen – das Essen und Trinken, unsere Unterhaltungen und unseren Gedankenaustausch, unsere Beschäftigung und Erholung sowie alle Momente des Lebens und des Liebens, ob gedrückt oder begeistert, unwissend oder erleuchtet.

Nichts, was wir denken, sagen oder tun, sollte gedacht, gesagt oder getan werden, ohne ihm willentlich das Siegel »sein Name« aufgeprägt zu haben – das manuelle Zeichen des Christus und jener hohen Prinzipien, die in ihrem Wesen der Christus sind. Auf diese Weise werden durch die göttliche Gnade unsere Sünden und all die scheinbare Dunkelheit in uns – wirklich alle Aspekte – durch unsere eigene Willenskraft zum Sprungbrett aus dem dunklen Sumpf hinauf in das Licht eines neuen Tages.

W.T.P.: Während seines ersten Amtsjahres sprach Jesus bei drei Gelegenheiten zu fünf von seinen Jüngern über Sexualität und die erdwärts gerichteten Anziehungskräfte des nur von seinen biologischen Impulsen geprägten Menschen. Er lehrte sie Methoden, mittels derer die Kräfte hinter den sexuellen Impulsen in geistige Energie umgewandelt werden konnten. Aber trotz der Verblüffung und Enttäuschung jener Zuhörer verpflichtete Jesus sie in Bezug auf die Anwendung dieser Methoden zum Schweigen. Sie vermochten es nicht zu erfassen, dass das Gesetz von Ursache und Wirkung im menschlichen Evolutionsprozess weder zum Stillstand gebracht noch aufgeschoben werden konnte und sich erfüllen würde, wenn der Mensch noch tiefer in den Abgrund hinabstieg. Dies war die einzige Möglichkeit für ihn, schließlich die erste Stufe zu erreichen, die ihn auf den Weg nach oben führen würde.

Wir mögen zuversichtlich auf die Ankunft eines Gottesboten hoffen, der die sexuellen Probleme und deren Lösung aufklären wird.

Und nun zu deiner Frage über die Magie. Unter »weißer Magie« versteht man ganz einfach das von der Unwissenheit des Menschen und den Schwierigkeiten, die er verursacht, unbehelligte Wirken des geistigen Gesetzes im menschlichen Leben. Da wir über dieses Wirken kaum etwas wissen, sprechen wir von »weißer Magie«, wenn es sich uns zeigt, obwohl es sich dabei aus geistiger Sicht um einen völlig natürlichen Vorgang handelt, der einmal allgemein gültig werden wird.

Die vom Menschen größtenteils durch Rituale, Blutschwüre und sexuelle Praktiken hervorgerufene Magie ist nicht im Sinne des Evolutionsprozesses. Sie kann faszinierend, aber auch entwürdigend sein und die künstliche Freilassung unterdrückter Gefühle und Begierden einleiten, was weitgehend von dem Gebrauch astraler Ströme abhängt, die stark sein können, im Wesentlichen aber unbeständig und damit nicht zuverlässig sind. Weder Jesus noch irgendein anderer hoher Eingeweihter hat sich jemals zu derartigen Praktiken herabgelassen.

Die Astralreiche sind fließend. Der bloße Atem einer Bewegung bringt diese Ströme sofort in Unruhe und verursacht Verzerrung und Fehlüberlegung… Heutzutage finden wir nur selten wahre Heiterkeit und Stille in den astralen Welten, woraus sich die Unzuverlässigkeit der Kommunikation mittels dieses Mediums ergibt.

Der menschliche Intellekt allein vermag die schöpferische Vorstellungskraft des Menschen nicht zu erwekken oder sie zur vollen Blüte zu bringen. Eine ruhige Entwicklung und das richtige Gleichgewicht zwischen dem Einsatz von Verstand und Gefühlen können auf natürliche Weise zu dem Punkt führen, an dem sich die geistige Erleuchtung entfaltet. Sobald dies geschieht, wird das Schauen mit den inneren Augen, soweit nötig (falls überhaupt), die Dienerin geistigen Schauens werden. Dann ist alles gut.

Magier aber neigen dazu, nach Abkürzungen zu suchen, um die übersinnliche Kraft aufbrechen zu lassen – hauptsächlich durch die ungesunde Anregung der Imagination auf Kosten der mentalen und geistigen Weiterentwicklung des Menschen. Gewisse Drogen, der spezifische Gebrauch von Alkohol und anormale Atemübungen gehören zu diesen künstlichen Methoden, durch welche die schöpferische Vorstellungskraft zuerst geweckt und dann aktiviert werden kann. Auch Sexualität kann diesem Zweck dienen. Das ätherische Gegenstück der Samenflüssigkeit (eine unschätzbar kreative Substanz, wenn richtig eingesetzt) ist das Medium, durch das die Imagination des Menschen hauptsächlich innerhalb unserer dreidimensionalen Welt wirkt, aber auch auf der Äther- und Astralebene. Die während der sexuellen Orgien ausgeübten Rituale richten sich nach den Mondphasen und können zwischen den Geschlechtern, homosexuell oder individuell durchgeführt werden. Eine Reihe von durch Geschlechtsverkehr oder künstlich hervorgerufenen Orgasmen vermag die Emotionen von jeglicher mentaler Kontrolle zu befreien. Eine Art astraler Ekstase wird auf diese Weise erreicht, die gewöhnlich als »Erleuchtung« durch übersinnliche Visionen missverstanden wird. Man kann die Heiterkeit verstehen, das Empfinden glückseliger Freiheit von der Herrschaft des Denkens und der Sinne, die jene erfasst, die auf diese Weise frei von allen geistigen Vorsichtsmaßnahmen sind.

Sich selbst zu leeren, um aus der göttlichen Quelle gefüllt zu werden, ist ein rein mentaler Vorgang, der sehr zu unterstützen ist, um sich vor einem möglichen Vakuum zu schützen. Andererseits kann diese künstliche Entleerung durch die gewaltsame Ausstoßung der gesamten physischen und ätherischen Samenflüssigkeit höchstens trügerische und sinnliche Träume hervorrufen, die das genaue Gegenteil wahrer übersinnlicher und spiritueller Erleuchtung sind.

***

R.L.: Über den jungen Mann aus dem Markus-Evangelium, der aus seinem Leinengewand schlüpfte und nackt entfloh, hatte ich keine weiteren Informationen erhalten oder erwartet. Aber nach einigen Wochen schrieb W.T.P. ganz beiläufig in einem ansonsten »gewöhnlichen« Brief:

Der junge Mann war sehr männlich und besaß eine besondere Art von Magnetismus, mit dem das Leinengewand, das er trug, durchtränkt war. Mit diesem Gewand wurde das ätherische Doppel erhalten, während Jesus im Grab lag. Eigentlich bildete es den größten Teil des Leichentuchs. Nun, nichts geschieht rein zufällig. Die Einzelheiten aller kosmischen Ereignisse, die das menschliche Schicksal betreffen, werden, Jahrhunderte bevor sie auf äußerer Ebene stattfinden, im Inneren vorbereitet. Als dein junger Mann Jesus berührte, sah er innerlich plötzlich die Schrecken der herannahenden Tragödie vor sich, was er kaum zu ertragen vermochte. Er streifte sein Gewand ab und floh, ohne überhaupt zu ahnen, welchen großen Dienst er Jesus zu leisten bestimmt war.

R.L.: Erneut berührten mich diese wenigen Zeilen zutiefst, es war wie ein elektrischer Schlag. Nach Jahren ergebnisloser Suche hatte ich endlich diese namenlose, gesichtslose, entkleidete Figur eines jungen Mannes in einem die Dunkelheit erhellenden Licht gesehen. Geschah es, weil ich bereits sehr zögernd gewagt hatte, eine mögliche Verbindung zwischen dem abgestreiften Gewand und den Leichentüchern herzustellen, dass meine Intuition dies spontan annahm? Nein, gewiss die Geschichte an sich, in ihrer ganzen Tragweite, bedurfte der Beachtung.

Im Folgenden soll versucht werden, aus den einzelnen Anmerkungen und Beschreibungen von W.T.P. ein Ganzes zu gestalten, ohne dabei den wesentlichen Inhalt zu verändern.

W.T.P.: Im Garten herrscht Tumult, man schreit, und es ist ein Kommen und Gehen. Die Nacht ist dunkel, und die Soldaten, die den Wachhauptmann des Hohenpriesters begleiten, der gekommen ist, um Jesus festzunehmen, tragen Fackeln, Laternen und auch Waffen. Sie scharen sich um Jesus und seine Anhänger und bemühen sich, die wogende Menge fern zu halten. Die Neuigkeiten haben sich in der Stadt und den Vororten verbreitet, und das Gewühl wird immer größer und lebendiger, voll von Gerüchten, gemurmelten Behauptungen, Widersprüchen.

Panik ergreift die Freunde Jesu und sie verlassen ihn. Er ist allein.

Da sehe ich einen hoch gewachsenen, dunklen und gut aussehenden Jüngling (ich glaube, es war kein Jude) quer durch den Bach eilen und sich bis zum Rand der Menge vorarbeiten. Ich höre ihn fragen, was geschehen sei, aber niemand scheint ihm eine Antwort darauf geben zu können. Als fühle er sich plötzlich dazu gezwungen, kämpft er sich durch die Menge hindurch nach vorne, bis er vor Jesus steht. Er berührt diesen auf der Brust, schreit laut auf und, sein fein gewobenes Leinengewand zurücklassend, flieht unbekleidet in einer Art wilder Aufregung, springend und wild schreiend davon. Die Menge scheint sich momentan bestürzt zu zerstreuen, um ihn hindurch zu lassen.

Mir ist klar geworden, dass dieser junge Mann aus gutem Hause stammt und gebildet ist, seine Familie ihn aber wegen seiner seltsamen Art und seiner Vorahnungen ausgestoßen hat. Offensichtlich ist es gerade diese Gabe, die ihn bei der Berührung Jesu die Gewalt der tragischen Ereignisse, die geschehen werden, auffangen lässt. Immer noch laut schreiend und wehklagend, stürmt er die Hänge des Scopus Berges hinauf, getrieben von dem instinktiven Verlangen, seiner Vision zu entfliehen.

Der erschütterte Wachoffizier, der befürchtet, dass dieser Vorfall auf den Versuch hindeutet, Jesus zu retten, befiehlt einem seiner Leute, den Mann zu verfolgen, lebend gefangen zu nehmen und den anscheinend irren Flüchtling unbedingt zurückzubringen. Dieser Soldat heißt Kopul. Rasch legt er seinen Kettenpanzer und sein schweres Schuhwerk ab, um sich schneller bewegen zu können, nimmt das abgestreifte Gewand auf, wirft es über die Schulter und rennt los. Doch die leichten Sandalen, in die er hastig geschlüpft ist, füllen sich bald mit grobem Sand und behindern ihn schmerzlich, als er durch die Olivenhaine, hartes Gestrüpp und stachelige Kakteen zum kahlen Felsgipfel jagt.

Für jemanden, der sich in diesem Moment zufällig im Geist des Verfolgers Kopul bewegte, hinterließen die mit dieser Jagd zusammenhängenden Ereignisse einen unglaublichen Eindruck. Das Leinengewand schien als geheimnisvolle Verbindung zwischen dem Jäger und dem Gejagten zu wirken. Der Schrecken und die Verzweiflung, die den aufgewühlten Jüngling blindlings vorwärts trieben, erfüllten Kopul voll und ganz. Es drängte ihn einzig und allein, sein Opfer einzuholen, an seinem Kummer teilzunehmen und ihn zu trösten.

Die Jagd, die die ganze Nacht andauerte, verlief hinunter durch von Kakteen bewachsenes Ödland und weiter in das düstere Tal auf Jericho und das Tote Meer zu. Kurz vor Tagesanbruch gibt Kopul schließlich geschlagen auf. In der unwegsamen Wildnis hat er jegliches Gefühl für die Richtung verloren. Langsam, erschöpft, schmerzgequält und Schlimmes ahnend, macht er sich auf den Weg zurück in den Garten Gethsemane.

Der Morgen graut, die Menge hat sich zerstreut, es gibt kein Zeichen von Jesus, seinen Gefährten oder den Priestern und der Wache des Sanhedrin. Nur überall Verzweiflung, die fast greifbar in der Leere lastet.

Ich scheine mit Kopul ein Gefühl des Entsetzens, der Frustration und unsagbaren Einsamkeit zu teilen. Immer noch das Gewand des jungen Mannes tragend, verlässt er den Garten, niedergeschmettert von dem Empfinden, schwer versagt zu haben, einem schwer wiegenderen Versagen anheim gefallen zu sein, als es innerhalb seiner militärischen Pflichten möglich gewesen wäre.

Interessiert folge ich ihm und seinen Gedanken. Sein erster Impuls ist es, das Gewand auf dem Marktplatz zu verkaufen, da es wegen seiner guten Qualität sicherlich einen hohen Preis erzielen wird. Dann ändert er seine Meinung und meldet sich in der Kaserne zurück, bevor er Urlaub nimmt. Er legt seine beschmutzte Uniform ab, wäscht sich, zieht Zivilkleidung an und macht sich auf den Weg zu Maria Magdalena.

Eine weitere Reihe von Einblicken gibt mir den Schlüssel, eine Verbindung zwischen Maria und diesem jüdischen Soldaten zu erkennen. Jahre zuvor war er als Verbindungsmann zu der Truppe abkommandiert worden, die der römische Offizier befehligte, der Marias Liebhaber wurde. Auf diese Weise begegnete er ihr, und als sie später dem Meister treu ergeben war, wurden sie enge Freunde. Kopul bewunderte sie wegen ihres Mutes und ihres sprühenden Geistes.

Auf seinem Weg zum Marktplatz denkt er an Maria. Ich sehe ihn die Stadt nach ihr absuchen; er suchte sie den ganzen Tag. Später findet er sie verzweifelt die Straße entlang gehen. Sie weiß nicht, was mit Jesus seit der Verhaftung in der vorhergehenden Nacht geschehen ist. (Sie war nicht im Garten dabei gewesen.) Aufmerksam hört sie der Geschichte zu, die Kopul ihr erzählt und nimmt dankbar das Gewand an.

Nach der Kreuzigung sicherte sich Joseph von Arimatäa die Aufsicht über den Körper seines Neffen. Er bat Maria Magdalena und zwei andere Frauen, ihn zu begleiten und bei den Beerdigungsvorbereitungen zu helfen. Maria brachte das soeben in ihren Besitz gelangte Gewand. So erfüllte dieses seine Bestimmung und wurde ein Teil des Leichentuchs. Durchdrungen von dem starken und lebendigen Magnetismus seines ursprünglichen Besitzers, erwies es sich als unbezahlbar, denn es wirkte wie Balsam für den Körper Jesu. Die schrecklichen Verstümmelungen, die er offensichtlich während der Kreuzigung erlitten hatte, beeinträchtigten natürlich den Rhythmus seines ätherischen Körpers. Die »Kraft« in diesem besonderen Gewand trug dazu bei, die Harmonie wieder herzustellen und erleichterte es somit dem feinstofflichen Körper, sich neu zu gestalten. Außerdem beschleunigte sie den Zerfall und die Entmaterialisierung der physischen Hülle, für die Jesus keine Verwendung mehr hatte.

Engel erscheinen nur sehr selten in Menschengestalt. Aber die Engel des Todes, die Jesus zu Diensten standen, nahmen diese Form an, um (unter anderem) als erstes das Tuch von seinem Kopf zu entfernen,

Dieses Tuch war Teil der letzten irdischen Zeremonien, die für Jesus mit unsagbarer Liebe, Trauer und Ehrerbietung durchgeführt wurden. Die Entfernung des Tuches gehörte sozusagen zu den himmlischen Riten, die dazu bestimmt waren, dem Ätherkörper zu seinem

Erscheinen zu verhelfen. Die Engel machten sich sogar die Mühe, das Tuch zusammenzufalten und an einen »in sich« abgeschlossenen Ort zu legen und »besonders zusammenzuwickeln«!

Jede Einzelheit dieses Geschehens, die in den Evangelien berichtet wird, birgt eine tiefe Bedeutung.

Als Jesus Maria am dritten Tag erschien, ermahnte er sie: »Berühre mich nicht«, womit er zum Ausdruck bringen wollte (wie ich folgern durfte), dass seine neue feinstoffliche Hülle noch nicht genügend gefestigt war, um einen menschlichen Kontakt ohne Schaden für seine feinstofflichen Körper aushalten zu können. Eine Berührung wäre schmerzlich durch sie hindurch gegangen. Als er jedoch später, im Laufe der vierzig Tage, wieder mehr in die physischen Schwingungen eingetreten war, erschien er seinen Jüngern »in einer anderen Gestalt«, so wird (bei Markus) berichtet. Bei Matthäus heißt es, dass sie »seine Füße umfassten«; bei Johannes, dass er Thomas aufforderte: »Lege deine Finger hierher; siehe meine Hände; lege deine Hand in meine Seite; sei nicht länger ungläubig, sondern gläubig.«

Judas Ischariot und die Rolle des Luzifer

Eine Sache, die mich verwirrte, betraf die Rolle des Judas, die er angeblich kurz vor der Verhaftung Jesu gespielt haben soll. Über ein Jahr lang waren die Worte, Handlungen und Bewegungen des Meisters sorgfältig vom römischen und jüdischen Nachrichtendienst aufgezeichnet worden. Jesus durchwanderte öffentlich das Land, und als ziemlich bekannte Gestalt war er leicht zu identifizieren. Sowohl die Regierung als auch der Sanhedrin betrachteten ihn als einen potentiell gefährlichen politischen Unruhestifter. Das von den Priestern zu seiner Festnahme entsandte Truppenkontingent bedurfte keiner Vermittlung durch Judas oder irgendeines anderen, um ihren Mann zu bezeichnen. In der im Garten versammelten Menge gab es genügend Menschen, die untrüglich auf Jesus hätten zeigen können. Warum wurden deshalb die Dienste des Judas gebraucht? Erfüllte der Kuss, falls dieser Vorfall authentisch ist, einen Teil des prophetischen Rituals?… Ich kann über dieses Problem nicht aus eigener Erfahrung schreiben.

(Nebenbei bemerkt, es gab keine sichtbaren Anzeichen dafür, dass die »Hohenpriester und Ältesten« im

Garten anwesend waren, um die Verhaftung zu überwachen. Bei ihren bewaffneten Abgesandten, die in jener Nacht auf ihre ausdrückliche Anordnung hin handelten, schien es sich mindestens um hundert Offiziere und Männer gehandelt zu haben.)

Nur wenige, die heute leben, werden fähig sein, die Rolle des Luzifer als einen wesentlichen Hintergrund des Christus-Amtes, das auf Erden durch Jesus übernommen wurde, zu verstehen. Diejenigen, die es begreifen, werden allmählich das Rätsel des Lebens und der Handlungsweise des Judas und die Art erfassen, in der die »Dunkelheit« benutzt wurde, um das Licht der Christus-Botschaft für die Menschenrasse stärker leuchten zu lassen.

In unserer äußeren Welt kann das Licht der Wahrheit oder die im Licht enthaltene Wahrheit nur vor dem Hintergrund kontrastierender Dunkelheit erkannt werden. Da wir durch das Wirken gegensätzlicher Energien von unseren Qualitäten beherrscht werden, lernen wir das so genannte »Gute« nur im Vergleich zu dem uns scheinbar »weniger Guten« oder »Bösen« zu erkennen.

Luzifer ist der »gefallene« Engel, der sich bereit erklärte, in die materielle Dunkelheit des menschlichen Bewusstseins auf Erden hinabzusteigen; der Lichtträger, auch der Prinz der Dunkelheit, der im weitesten Sinne der wahre Mitarbeiter Christi ist. Bei seinen »Jüngern«

handelt es sich um Intelligenzen, die aufgrund ihres Einflusses auf das menschliche oder das Massenbewusstsein wirken und die negativen Kräfte manipulieren und beherrschen, damit die positiven Kräfte emporsteigen mögen. Unsere Vorstellung von Luzifer als dem Furcht erregenden »Bösen«, »dem Feind«, ist sicherlich begrenzt und verzerrt. Christus und Luzifer sind symbolisch gesehen die gegensätzlichen Seiten ein und derselben Münze, denn absolutes Licht und absolute Dunkelheit sind dazu bestimmt, sich gegenseitig zu enthalten. So mag Luzifer ebenso ein Instrument göttlicher Absicht sein wie Christus selbst. »Ich, Jesus, habe meinen Engel gesandt, um euch diese Dinge zu bezeugen…«

Der in der Menschheit inkarnierte Luzifer kann als eine Art himmlischer Sauerteig betrachtet werden; er kann sich »nur erheben und zu seinem Vater im Himmel gehen«, wenn die Menschheit selbst sich erhebt. Um den Platz wiederzugewinnen, den er in den geistigen Welten opferte, muss Luzifer uns mitbringen; daher bezeichnen die Schriften des Ostens diese große Wesenheit als den Versucher und Erlöser.

Dass Judas Ischariot zu den von Jesus auserwählten Jüngern gehörte, war kein Zufall – kein nicht wiedergutzumachender oder unfassbarer Fehler seinerseits. Aus den dürftigen Berichten, die uns überliefert worden sind, könnte man schließen, dass die Wahl der Jünger rein zufällig und spontan geschehen sei. Im Gegenteil, wir können sicher sein, dass jeder einzelne seiner zukünftigen engen Anhänger und täglichen Gefährten mit tiefer prophetischer Einsicht für einen bestimmten Zweck ausgesucht worden ist, um die Vorherbestimmung – die nur er alleine ausführen konnte – zu erfüllen.

Aus Gründen, die zweifellos weit in die Vergangenheit hinein reichen, war Judas dazu bestimmt, während der letzten, finsteren Lebensperiode Jesu auf der Erde die Rolle des Feindes zu übernehmen, der kurzsichtig in die Nacht der Selbstzerstörung eintrat. Sein Akt der Dunkelheit könnte als unergründlicher Hintergrund betrachtet werden, vor dem das Licht des Christus, der universellen Christus-Botschaft, aufgrund des Kontrasts leuchtender und strahlender hervortrat.

Jesus muss natürlich von Anfang an gewusst haben, dass Luzifer, der oberste Prüfer des menschlichen Geistes und Herzens, dazu bestimmt war, in jenem Augenblick der Weltgeschichte seine Aufgabe durch Judas auszuführen und dass auch Petrus unter seinen Bann geraten und ihm vorübergehend erliegen würde. Es mag uns seltsam erscheinen, dass Jesus in beiden Fällen nicht eingriff und so den Lauf der Dinge veränderte, obwohl er die Folge voraussagte. Aber wir können sicher sein, dass eine Absicht von unendlicher Tragweite durch das kosmische Wechselspiel von Licht und Dunkel, Licht innerhalb der Dunkelheit, erfüllt wurde, die den dramatischen Kernpunkt des Erdenlebens Jesu in unserer Mitte ausmachte.

Abgesehen von solchen Dingen müssen sich die Reue des Judas und sein tragisches Ende stärkend auf die Moral und den Charakter der späteren Märtyrer der Christenheit ausgewirkt haben. Vielleicht ist dies das beste Beispiel dafür, dass sich Gutes aus dem Übel ergibt.

R.L.: Ich begann, in Judas schließlich jemanden zu sehen, dessen tragische Rolle ein notwendiges Element in dieser unbeschreiblichen letzten Prüfung darstellte – der dunkle Bruder Jesu.

Einige Wochen später erhielt ich einen Brief mit der folgenden Geschichte.

W.T.P.: Judas. Ich muss wie durch einen Schleier berichten – im Hinblick auf den »Upper Room« – und ich stütze mich eher auf die Erinnerung als auf die Fähigkeit, das Ereignis »erneut zu durchleben«, insoweit ich selbst betroffen bin.

Es geschah an einem kalten Winterabend im zweiten Jahr des öffentlichen Amtes Jesu. Mein Schützling, ein achtzehnjähriger Syrer mit Namen Reuben, versprach ein bemerkenswerter Sänger und Musiker zu werden. Niemals zuvor oder seither hatte ich eine solche kräftige, klare und liebliche Tenorstimme gehört. Seine Eltern waren alte Freunde von mir und ich hatte mich an der Finanzierung seines Studiums beteiligt. Er war in der Nähe von Damaskus zu Hause. An jenem Abend aber war er nach Kapernaum, wo ich mich damals gerade aufhielt, gekommen, um mich dort zu treffen. Ich hatte einige Freunde in mein Haus eingeladen, damit sie sich an Reubens wunderbarer Stimme erfreuen sollten.

Einer dieser Freunde brachte Judas Ischariot mit. Ich war ihm zuvor erst zweimal begegnet und hatte den Eindruck eines gebildeten und intelligenten Mannes von ihm gewonnen, der noch dazu musikalisch war.

Es war ein wundervoller Abend, denn Reubens Stimme klang außergewöhnlich gut. Er sang die Lieder der Bergschäfer und trug einige der inspirierendsten Gesänge Davids in einer prophetischen und fesselnden Weise vor.

Als die Gesellschaft aufbrach, nahm mich Judas beiseite und bat mich um Rat. Er zeigte mir ein Geldstück. Da er von meinen Kenntnissen im römischen Münzwesen wusste, fragte er mich nach Herkunft und Wert der Medaille. Es stellte sich heraus, dass es sich um ein Exemplar der Schaumünze der Stadt Rom handelte, die denjenigen verliehen wurde, die von der Stadt ihre Freiheit für geleistete Dienste erhielten.

Judas berichtete mir, dass Maria Magdalena ihm am

vorangegangenen Abend diese Münze gegeben hatte, damit er für Jesus, der sich in der Nähe von Kapernaum aufhielt, einen warmen Umhang kaufe. Zwei Tage zuvor hatte man Jesus am späten Nachmittag gebeten, in den Hügeln hinter der Stadt einen Schäferjungen zu retten, der sich das Bein gebrochen und tagelang draußen gelegen hatte. Er war zu krank, um sich bewegen zu können. Jeder in Galiläa kannte die überaus große Liebe, die Jesus für die Schäfer und alle, die sich um Tiere kümmerten, hegte.

Judas war gerade bei Jesus, als ihn der Hilferuf ereilte, und sorgte dafür, dass die beiden älteren Brüder des Jungen Jesus begleiteten und eine grobe Holztrage mitnahmen. Zwei weitere Familienmitglieder gingen ebenfalls zur Unterstützung mit. Als Jesus die Stelle erreichte, nahm er seinen Umhang von den Schultern und hüllte den inzwischen halb bewusstlosen Knaben darin ein.

In diesem Augenblick geschah das Wunder. Die Tragbahre wurde nicht benötigt. Der Junge erlangte sein volles Bewusstsein und stand auf. Ohne Hilfe konnte er den Felsweg hinunter klettern; sein gebrochenes Bein war geheilt und ausgerichtet. Nachdem Jesus dafür gesorgt hatte, dass sich einer der Brüder um die Schafe in den Hügeln kümmerte, segnete er den Knaben und schickte ihn mit dem Mantel über den Schultern nach Hause.

Als Maria Magdalena hörte, was geschehen war, gab

sie Judas die goldene Münze und bat ihn, diese zu verkaufen und einen neuen Umhang für Jesus zu besorgen. Laut Judas handelte es sich bei der Münze um ein Abschiedsgeschenk des römischen Offiziers, den sie so leidenschaftlich geliebt hatte. Es war ein unendlich kostbares Erinnerungsstück. Nur der Gedanke, dass Jesus in jener bitterkalten Winternacht ohne Mantel war, veranlasste sie dazu, sich von ihm zu trennen. Die Gemeinschaftskasse war leer und Joseph von Arimatäa in Übersee. Aus diesem Grund fühlte sich Judas verpflichtet, das Geschenk anzunehmen. Da die Medaille nicht als Währung gebraucht werden konnte, fragte er mich nach einem Käufer für sie.

Ich erklärte ihm, dass es gegen das römische Gesetz verstoße, ein solches Goldstück umzutauschen oder zu verkaufen und bestand darauf, es unverzüglich der Besitzerin zurückzugeben. Da erinnerte ich mich, dass mein Vater mir zu meinem Geburtstag einen sehr warmen Kamelhaarumhang geschenkt und ich diesen kaum getragen hatte. Ich bat meinen Diener, ihn aus meinem Haus am Rande von Jerusalem zu holen und ihn Maria zu geben, damit sie ihn für Jesus umänderte…An diesem Punkt verblasst die Erinnerung an weitere Einzelheiten, doch ich erinnere mich mit großer Freude, dass Jesus meinen Umhang trug, als ich ihm einige Zeit später begegnete.

Es gibt eine seltsame Fortsetzung dieser Geschichte, die sich fast neunzehnhundert Jahre später ereignete. Als ich im frühen Winter des Jahres 1919 mit Abdul-Baha Abbas auf den Berg Carmel wanderte, bemerkte er, dass ich fror. Sofort zog er seinen Kamelhaarumhang aus und legte ihn mir um die Schultern.

Damals hatte ich die Ereignisse, von denen ich in diesen Notizen gesprochen habe, vergessen und konnte daher die Worte, die mir der Wind ins Ohr zu flüstern schien, nicht verstehen: »Wiedergutmachung nach vielen Tagen…«

*****

W.T.P.: Wir wollen eine Seite aus dem unkomplizierten Lebensbuch Jesu aufschlagen! Weisheit ergibt sich nicht aus okkulten Theorien und Spekulationen oder metaphysischen Verwicklungen. Viele ernsthaft Suchende und Wanderer auf dem Weg, die eifrig dem Wissenspfad folgen, fahren sich fest und verlieren sich auf verlockenden Seitenwegen, die in einer Sackgasse enden. Der geistige Pfad des Fortschritts ist einfach und nicht überhäuft mit Unwesentlichem.

Vereinfache! Vereinfache!

Jesus umgibt sich immer noch mit sehr einfachen Leuten, von denen viele vielleicht sogar in die Kategorie der »Würmer« fallen, wie du dich und mich ganz richtig genannt hast. (absichtliche Fälschung; R.L.) In jedem Falle sind es selten die scheinbar geeigneten Leute, die für sein Werk gewählt werden.

***

W.T.P.: Stephanus. Von allen, die später in Jesu Fußstapfen traten, kam nur Stephanus seiner körperlichen Vollkommenheit nahe. Diese seltene und wunderbare Seele, ein natürlicher Seher, wurde scheinbar vor seiner Zeit dahingerafft. Selbst nachdem Saulus (aus mir bekannten, persönlichen Gründen) sein Feind geworden war und sich geweigert hatte, ihn vor der Steinigung zu retten (Siehe Apostelgeschichte, Kapitel 8: *»Und Saulus willigte in seinen Tod ein.«*), sprach er zu diesem: »Wir werden uns als Freunde wieder sehen, nicht nur in einer anderen Welt, sondern auch in dieser...«, indem er, vielleicht als Entgegnung auf einige bittere oder spöttische Bemerkungen des Saulus, die rätselhaften Worte hinzufügte: »Wenn der Stein, mit dem du mich erschlägst, sieben Augen haben wird.«

Ich nehme an, es soll bedeuten, dass die Zeit kommen wird, in der selbst das so genannte niedere Reich, das Mineralreich, emporgehoben werden und die Einheit allen Lebens in allen sieben Naturreichen geistig schauen wird.

Ich war bei der Steinigung des Stephanus nicht zugegen (obwohl ich danach in Berührung mit ihm kam), weshalb meine Information nicht aus erster Hand stammt... Ich glaube, Zacharias schreibt von einem Stein mit sieben Augen als Ankündigung des goldenen Zeitalters universeller Brüderlichkeit.

Die zu dieser Zeit verhältnismäßig neuartigen Schriften des Zacharias wurden in den Tempeln und Synagogen Palästinas heftig diskutiert, als Stephanus noch ein Junge war, was die geheimnisvolle Anspielung erklären mag. Kannst du es bestätigen?

R.L.: Die Stelle, die ich bestätigen sollte, lautet:

»Siehe, auf dem Steine, den ich vor Josua hingelegt habe – auf einem Steine ruhen sieben Augen – siehe, auf diesem will ich nun die Schrift eingraben, spricht der Herr der Heerscharen.« (Zacharias, Kapitel 3. Ein Teil seiner Prophezeiung bezüglich des kommenden Christus.)

***

W.T.P.: Das Geheimnis der vielen »Johannes-Personen« der Evangelien.

Vor vielen Jahren, lange bevor ich mich für dieses Thema besonders interessierte, wurde mir ein kurzer Einblick in die Beziehung zwischen den verschiedenen Johannes-Personen des Neuen Testaments gewährt.

In den Tagen Jesu erfreute sich der Name Johannes allgemeiner Beliebtheit, und viele hebräische Jungen erhielten ihn als Zweitnamen, wenn ein erster bereits gewählt worden war. Dieser zweite Name wurde bei zeremoniellen Anlässen benutzt, um eine Differenzierung zum Alltagsleben herzustellen, wenn der erste Name in Gebrauch war. Beim Passahfest pflegte man jeden Jungen der Familie, der den Namen Johannes trug (ob Erst- oder Zweitname), mit diesem anzureden.

Es gab einen Johannes, dessen erster Name lautete Simon. Er war ein Blutsverwandter des Joseph von Arimatäa und lebte und diente auf dessen Gütern, nachdem er sein eigenes Geschäft aufgeben musste. Er war ein begeisterter Anhänger Jesu, den die Bibel nicht erwähnt und dessen Liebe für ihn so tief war, dass er gerne für ihn gestorben wäre. Joseph sandte ihn aus, damit er Jesus helfe, das Kreuz auf dem Weg zum Kalvarienberg zu tragen. Er war es, der die drei Marien, die der Kreuzigung beiwohnten, beschützte und dem Jesus seine Mutter anvertraute, die er mit sich nach Hause nahm, nachdem alles vorbei war.

Falls mich meine bruchstückhafte »Erinnerung« nicht täuscht, war er es, der mit Petrus zum Grab lief.

Nicht Johannes, der Sohn des Zebedäus, schrieb das Evangelium, das diesen Namen trägt. Der Schreiber, der den größten Teil dieses Evangeliums vom Hörensagen und zahlreichen anderen Quellen niederschrieb, hieß zwar Johannes, gehörte aber nicht zu den Zwölfen. Ähnlich wie

Polycarp auf Patmos, dem Johannes, ein Anhänger und enger Gefährte Jesu, seine Erinnerungen diktierte (die, wie ich dir bereits sagte, noch nicht ans Licht getreten sind), übte er eine Tätigkeit als Sekretär aus.

Wenn Jesus von seinen Getreuen, die ihm am nächsten standen, sprach, nannte er sie »meine Söhne« oder bei bestimmten Anlässen »meine Brüder« oder »meine Gefährten«. Das Wort »Jünger«, das er niemals verwendete, entstammt der griechischen oder lateinischen, nicht der aramäischen Sprache. Wenn alle, die Jesus mit jenen Ausdrücken benannte, später als seine Jünger gegolten hätten, wäre die Zahl in die Hunderte gestiegen.

Es ist zweifelhaft, ob irgendeines der Evangelien, möglicherweise mit Ausnahme des Markus-Textes, von einer Hand geschrieben worden sind. Es handelt sich um Zusammenstellungen, die sich auf vielerlei Informationsquellen stützen – historische Quellen, Hörensagen, Überlieferung, innere Schau. Es scheint heutzutage keinen Maßstab für uns zu geben, nach dem die Schriftsteller und die Persönlichkeiten hinsichtlich der Dokumente des Neuen Testaments genau festgelegt werden können. Es hat mindestens sieben Männer mit dem Namen Johannes gegeben, die eng mit den Erzählungen des Neuen Testaments verknüpft sind. Aber es wäre sinnlos und unklug, versuchen zu wollen, die vielen Fäden, die sich um diesen Namen schlingen, zu entwirren.

Das Gerichtsverfahren
und die Kreuzigung Jesu

Den Erzählungen der Evangelien zufolge, welche die letzten tragischen und folgenschweren Ereignisse im Erdendasein Jesu überliefern, muss die Kreuzigung am Morgen nach der Festnahme stattgefunden haben. Ich bin jedoch davon überzeugt, dass das »Zeit«-Element in diesen Berichten fehlerhaft ist. Sie hinterlassen den Eindruck, rückschauend ineinander geschoben worden zu sein, um sich in eine bestimmte Abfolge jüdischer Rituale und Zeremonien »einzupassen«, die mit den Festlichkeiten zum Passahfest verbunden waren.

Das Gerichtsverfahren Jesu erstreckte sich über einen beachtlichen Zeitraum und stellte einen politischen wie auch religiös berühmten Fall dar. Alles in Palästina befand sich in einem Zustand des Aufruhrs. Die Römer sahen sich verpflichtet, den Sanhedrin zu beschwichtigen, ohne dessen Mitarbeit es den Eroberern nicht gelungen wäre, das unterworfene Volk in Schach zu halten. Die Stellung des Joseph von Arimatäa im Rat des Sanhedrin hinderte ihn rechtlich und faktisch daran, offiziell am Verhör teilzunehmen, doch (wie ich dir bereits berichtet habe) nutzte er seinen beachtlichen Einfluss in den jüdischen und römischen Reihen voll aus. So stellte er Geldmittel zur Verfügung, damit Jesus vor Gericht von dem fähigsten jüdischen Rechtsanwalt vertreten werden konnte. Jesus aber lehnte jede Hilfe dieser Art ab und schien aufgrund seiner eigenen Verteidigung bisweilen den Schuldspruch fast herauszufordern. Die Anklage stellte ihn als gefährlichen Revolutionär dar, eine zwar grotesk übertriebene und verzerrte Beschuldigung, die auf den ersten Blick aber ein wahres Element enthielt. Jesus versuchte niemals, die eine oder andere Beschuldigung zu widerlegen, die von bestochenen Zeugen fälschlicherweise in einer Atmosphäre vorgetragen wurde, die von politischer Leidenschaft und heftigen religiösen Feindseligkeiten und Intrigen aufgeheizt war.

Mit anderen Worten, das Verhör wurde von Anfang an manipuliert, und selbst das Erscheinen des Gerichtes wirkte wie eine absurde Karikatur.

Im Gefängnis wurde Jesus geschlagen, gegeißelt, isoliert, und man ließ ihn fast verhungern. Er durfte jedoch seine Mutter und seinen Onkel sehen… Sein Vater besuchte ihn nicht; er hatte ihn seit über einem Jahr nicht mehr gesehen. Joseph war inzwischen krank geworden, halbseitig gelähmt und mehr oder weniger ans Bett gefesselt. Maria Magdalena brachte Essen und Früchte. Ihre Liebe zu Jesus war der Inbegriff selbstloser weiblicher Hingabe.

Abgesehen von den drei Marien und ihrer Begleitung sollte Jesus in jenen drei Stunden am Kreuz alleine sein. Die Soldaten geboten den Frauen, einen bestimmten Abstand zu wahren, während sie der Kreuzigung beiwohnten. Der Mut, der Glaube und die Liebe dieser Dreiergruppe schenkten Jesus und den beiden anderen Männern, die mit ihm gekreuzigt wurden, Trost.

Ihre Anwesenheit war von wahrhaft kosmischer Bedeutung. Gemeinsam ließen sie die wunderbare Verschmelzung der drei Kräfte erahnen, die der weiblichen Liebe innewohnen. Sie standen vor Jesus als eine dreifache Verheißung – die Mutterliebe, verkörpert in seiner Mutter; das Band, welches zwei Wesen unterschiedlichen Geschlechts in einer Liebesbeziehung von absolutem Vorrang vereint, offenbart in Maria Magdalena; eine Liebe, die in sich selbst ruht, abstrakt und kontemplativ ist, symbolisierte die dritte Maria.

Die Kreuzigung stellte zweifellos den inspirierendsten Höhepunkt seines Lebens dar. Durch seine Unterwerfung, durch seine Bereitschaft, sich ans Kreuz nageln zu lassen, jenes Grundsymbol der Dualität und des Konflikts (es wird nicht das Symbol des nächsten Weltglaubens sein), »erhöhte« Jesus nicht nur die Menschheit, sondern das Leben in allen sieben Naturreichen für diese gesamte Evolutionsrunde.

Schlage dir aber solche Hymnen aus dem Kopf, die

Worten wie diese enthalten: »Aber die Schmerzen, die er erduldet, haben uns die Erlösung gebracht…«

Gott sei Dank sind seine Leiden am Kreuz nicht so unaussprechlich grauenvoll gewesen. Wenn die Qual zu groß wurde, glitt er aus seinem physischen Körper und war dadurch vorübergehend von seiner unerträglichen Pein befreit. (Wie ich aus eigener Erfahrung weiß, gelingt dies selbst geringeren Sterblichen. Im Krieg wie auch in Friedenszeiten bin ich oftmals in dieser Weise verfahren und habe auf das Nachlassen des akuten Schmerzes gewartet.) Außerhalb seiner physischen Hülle stehend, vermochte er das entsetzliche Leiden der beiden Diebe zu erleichtern, die mit ihm gekreuzigt wurden.

***

»Mein Gott, mein Gott, warum hast du mich verlassen?«

W.T.P.: Wie soll man das Rätsel dieses Todesschreis, der durch die Jahrhunderte hallte, erklären, der, wie du sagst, mehr Verwirrung und Skepsis hervorgerufen hat – und noch hervorruft – als jede andere rätselhafte Äußerung Jesu, die uns überliefert worden ist. Es handelt sich um eine sehr verwickelte Angelegenheit, zu deren Erläuterung oder Klärung die Kirche kaum etwas beigetragen hat.

Brach Jesu eigener Glaube an seine Göttlichkeit in jenem letzten Augenblick zusammen? Wie konnte der allmächtige Gott, Schöpfer des Himmels und der Erde, seinen erstgeborenen Sohn in der größten Krise seines Erdendaseins im Stich lassen? Derartige Fragen haben die Christen und angehenden Christen umgetrieben und gehen ihnen auch heute noch nicht aus dem Kopf.

Die folgende Information kommt aus einer Quelle, deren Weisheit und Autorität ich persönlich für einwandfrei halte. Ich möchte jedoch klarstellen, dass ich mit meinen Worten keine endgültige und maßgebliche Aussage machen möchte, die sich jeglicher Fehlerhaftigkeit und Täuschung entzieht.

Jener Anteil des unendlichen Christus-Prinzips, der sich in der Aura Jesu individualisierte und seinen Geist und seinen Körper durchdrang, konnte schon aufgrund seiner Natur der Kreuzigungserfahrung nicht unterworfen werden. Wenn es Jesus weiterhin überschattet hätte und in ihm gewesen wäre, hätte es keinen Kreuzigungs-»Tod« gegeben, sondern ein Wunder der Erlösung. (Wenn dieser Satz einen begrifflichen Widerspruch zu enthalten scheint, menschlich gesprochen, dann kann ich nichts dafür!)

Als sich daher die letzte Stunde näherte, begann sich der Christus allmählich zurückzuziehen, seine gewaltige »Individualisation« aufzugeben und wieder mit dem kosmischen Prinzip zu verschmelzen. Es war in diesem Augenblick, dass ein Gefühl der Einsamkeit (und sogar des

Versagens) Jesus überkam und ihn diesen schmerzvollen Schrei der Verlassenheit hervorstoßen ließ.

Du wirst natürlich begreifen, dass viele Leser diese Auslegung des größten Rätsels aller Zeiten nicht als Wahrheit annehmen können.

Josephus, der Vetter und lebenslange Freund Jesu, hielt sich zu jener Zeit nicht in Jerusalem auf, was vielleicht der Erklärung bedarf.

Meine Angaben stammen nicht aus erster Hand, sondern stützen sich auf die Zeugenaussagen, die damals im Umlauf waren. Josephus und seine syrische Frau, die er ein Jahr zuvor geheiratet hatte, hielten sich in Arimatäa auf, wo er seit kurzem die väterlichen Güter leitete. Sie erwartete ihr erstes Kind, und er betrachtete es als seine Pflicht, bei ihr zu bleiben. Neuigkeiten verbreiteten sich in jenen Tagen nur sehr langsam. Obwohl unheilvolle Gerüchte auswärts zu hören waren, war die Kunde von der Festnahme und dem Gerichtsverfahren Jesu noch nicht nach Judäa vorgedrungen. Auf jeden Fall wusste Josephus, dass sein Vater in Jerusalem weilte und er sich darauf verlassen konnte, dass dieser alles ihm Mögliche unternahm, um Jesus vor einer Verurteilung und der Gewalt des Pöbels zu schützen.

Sobald seine Frau das Kind geboren hatte, machte sich Josephus eiligst nach Jerusalem auf, kam aber zu spät, um der Kreuzigung beizuwohnen. Auf die ausdrückliche Anweisung seines Vaters hin nahm er Maria, die Mutter Jesu, und den »Lieblingsjünger« mit zurück nach Arimatäa. Dies war eine gefahrvolle Reise wegen der Banditen und Revolutionäre. Jesus wusste, dass Maria ihren Mann nicht im Stich lassen und ihn unter dem sorgenfreien Dach ihres neuen Heims pflegen würde.

Maria lebte zurückgezogen… Eines ihrer Kinder, eine Tochter, war gestorben; auch ein adoptierter Sohn. Sie war recht einsam, besonders nachdem Joseph von Arimatäa Palästina zwangsweise verlassen musste. Nikodemus zufolge soll er kurz nach der Tragödie verhaftet worden und jahrelang im Gefängnis gewesen sein. Dieser Bericht ist reine Erfindung. Niemals hat er seine Freiheit oder seine Bewegungsfreiheit verloren.

***

W.T.P.: In Beantwortung deiner Frage, was mich an Jesus am meisten überrascht und beeindruckt hat, möchte ich seine tiefe, unerschütterliche Gelassenheit nennen. Selbst jemand, der, wie ich, »weit jenseits des Begreifens« stand, konnte erkennen, dass sich diese Gelassenheit auf eine überwältigende Sicherheit gründete, eine Sicherheit, die dem Wissen entsprang, dass eine unendliche Liebe und Weisheit das Universum regierten und nichts sie würde besiegen können. Es schien so, als verschaffe er jenen, die ihn umgaben, Zugang zu einem Reservoir an Liebe, in der alle voller Freude baden konnten, geläutert wurden und ihre verlorene Jugend wiederzuerlangen vermochten.

Dann gab es noch diese absolute Natürlichkeit seines Sprechens und Handelns, eine wunderbar schlichte Einfachheit. Es gab immer wieder Zeiten, in denen er sich zur Meditation zurückzog. Wenn er zurückkam, schien das von ihm ausströmende Licht seine gesamte Gestalt zu durchlichten.

Aus meilenweiter Entfernung konnte man die Kraft seiner Aura ganz deutlich spüren. In seiner Nähe aber schien jeder erhoben und verklärt zu sein.

Nur wenn Kummer oder Ärger ihn erfassten, wurde man sich einer anderen Eigenschaft bewusst, einer Erhabenheit, die ihn unnahbar und fern werden ließ. Dann war man von Ehrfurcht ergriffen. Ihn im Umgang mit Kindern, Vögeln und Tieren zu sehen, offenbarte reine, selbstlose Liebe. In solchen Augenblicken lösten sich die eigenen Freuden und Sorgen in einem Empfinden unsagbaren Friedens auf, einem Einssein mit allem Leben und Sein. Menschenworte vermögen den Zauber eines solchen Erlebnisses nicht zum Ausdruck zu bringen.

Jesus schenkte einem immer das Gefühl der Kameradschaft von gleich zu gleich. Einfachheit, Bescheidenheit und Demut – dies waren die herausragenden Eigenschaften im Leben Jesu und in allem, was er lehrte, sagte und tat.

***

W.T.P.: Einige Leute, die sich während der Kreuzigung auf dem Kalvarienberg befanden, sammelten kleine Holzstücke, die auf dem Boden verstreut herum lagen, um sie als eine Art heiliges Andenken aufzubewahren. Doch keines dieser Stücke hatte zu einem der drei Kreuze gehört. Der folgende Bericht entspricht meiner Ansicht nach der Wahrheit, auch wenn es einige, die fest daran glauben, dass es immer noch Überreste und Fragmente des Hauptkreuzes gibt, erschüttern mag.

Als man Joseph von Arimatäa auf seine Bitte hin den Leichnam Jesu in Obhut gegeben hatte, bat er auch darum, die drei Kreuze entfernen und sicherstellen zu dürfen. Obwohl vor zweitausend Jahren der Waldbestand in Palästina noch recht gut war, galt Bauholz als wertvolle Handelsware. Die Römer pflegten solche Kreuze zu reinigen, haltbar zu machen und für zukünftige Kreuzigungen zu verwenden. Aus diesem und einigen anderen Gründen war Joseph von Arimatäa entschlossen, das Kreuz von Golgatha und die beiden Nebenkreuze in seinen Besitz zu bekommen, selbst wenn dies bedeutete, dafür mit Gold zu bezahlen, was er auch tat.

Danach veranlasste er ihren Transport zu den Gärten

seines Gutshofes in Judäa. Dort wurden sie ehrfürchtig in dem an die Gebäude angrenzenden Olivenhain, in dem Jesus viele glückliche Kinder- und Jugendtage verbracht hatte, auf den Boden gelegt. (Die Kreuze bestanden aus dem Holz der Bergeiche und nicht aus Oliven- oder Zedernholz, wie manchmal angenommen wird.)

Als er eines Nachts in der Einsamkeit über die Pläne für seine eigene Zukunft meditierte, empfing Joseph von Arimatäa eine innere Botschaft, die er etwa folgendermaßen auslegte: »Durch die Läuterung und Transformation im Feuer wird sich dir dein eigener Weg offenbaren.« Die Frage nach dem Verbleib der Kreuze, insbesondere des Hauptkreuzes, beschäftigte Joseph zu jenem Zeitpunkt sehr, weshalb er die Botschaft unmittelbar mit den Kreuzen in Verbindung brachte und dementsprechend handelte.

Am Abend des darauf folgenden Sabbat rief er seine Familie und seinen gesamten Haushalt zusammen, um mit ihnen zu beten und in der Stille zu verharren.

Danach brachte man die Kreuze auf die Lichtung eines höher gelegenen Gehölzes in der Nähe eines kleinen Hügels, der einige Kilometer von dem Olivenhain entfernt lag. Hier wurden die Kreuze ineinander auf einem Scheiterhaufen aus Riedgras, Stroh und Reisigbündeln gelegt. (Dieses Ineinanderlegen leitete ihre Umwandlung in die ursprünglichen Energien ein und diente sehr bedeutungsvollen, kosmischen Zwecken.)

Joseph von Arimatäa, ein gebildeter Mann mit einer tiefen Ehrfurcht vor dem Geist des Hermes und der uralten Überlieferung der Sonnenanbetung, ließ sein esoterisches Wissen in die Segens- und Läuterungs-Gebete einfließen. Währenddessen kniete seine Familie um den Stroh- und Reisigstapel, den er selbst mit seiner Fackel entzündete. Man verharrte so lange, bis nur noch ein Haufen weißer Asche von den Kreuzen übrig geblieben war.

Am nächsten Morgen wurde diese Asche feierlich auf den höchsten Hügel des Anwesens getragen und in die vier Himmelsrichtungen gestreut.

In dem Rauch und den Flammen dieses Feuers hatte Joseph von Arimatäa eine überwältigende Vision. Nicht nur seine persönliche Zukunft, zu der auch seine eigenen Aufgaben auf der heiligen Insel Britanniens gehörte, nahm Gestalt an, sondern auch die Zukunft der Menschenrasse wurde ihm symbolisch offenbart.

Noch ein Wort

W.T.P.: Wir waren eine Patrizierfamilie mit assyrischen Wurzeln – keine Hebräer – und wir verehrten die Götter im reinen, unverfälschten, griechischen Sinne. Den verschiedenen, miteinander wetteifernden Sekten, deren Anhänger sich um Jesus und die frühen Nazarener scharten, brachten wir keine besonderen Sympathien entgegen. Ein höchster Schöpfer über allen Göttern, das konnten wir bejahen; aber ein umfassendes Weltbild war in ur-christlichen Zeiten ebenso selten wie heutzutage. Das war der geistige Hintergrund, vor dem ich auf Jesus blickte, indem ich ihn als einen Mann der Götter betrachtete, einen großen Seher. (In »The Upper Room« habe ich wohl davon gesprochen, dass ich die Stadt auf meinem Heimweg durchquere.) Wir besaßen auch Güter in Syrien und ein Haus in der Nähe von Aleppo. Mein einziger Bruder war ein Fachmann für wertvolle Steine und Metalle. Er war es, der mich Joseph von Arimatäa vorstellte – der ohnehin ein Freund meines Vater und der Familie war.

Zum Kummer meiner Mutter habe ich niemals geheiratet, mich in meinem späteren Leben sehr zurückgezogen und, wie heute, 'drüben' und auf der Erde gewirkt.

R.L.: Vielleicht mag die mir nahestehende und liebste Stimme in allen Welten erlauben, dieser meiner Aufgabe, die ich ohne ihre Gegenwart und ihre Abwesenheit niemals erfüllt hätte, ein Wort hinzuzufügen.

Sally: Ja, ich bin ihm während des Schlafes auf den inneren Ebenen begegnet, habe ihn gesehen und gehört. Ja, er hat viele frühere Leben gehabt und die Mysterien gekannt sowie ihr Wissen genutzt. Er hat sie vergessen und neu entdeckt. Sein Geist strömt weit aus, und seine Mission bleibt mir verborgen. Vielleicht wird sie erst hier drüben wirklich Früchte tragen.

***

Der Geist des Menschen trägt ein Licht, das alles erleuchtet und durch das er sogar die übernatürlichen Dinge zu erkennen vermag. Jene, die im Licht der äußeren Natur suchen, kennen die Dinge der Natur; jene, die Erkenntnis im Lichte des Menschen suchen, kennen die Dinge über der Natur, die zum Reich Gottes gehören. Der Mensch ist ein Tier, ein Geist und ein Engel, denn er besitzt alle drei Eigenschaften. Solange er in der Natur bleibt, dient er der Natur; wenn er sich in den Geist begibt, dient er dem Geist (in ihm); wenn er in dem Engel lebt, dient er als Engel. Die erste Eigenschaft gehört zum Körper, die beiden anderen zur Seele – sie sind seine Edelsteine. Der Körper des Menschen bleibt auf der Erde, aber der Mensch, der eine Seele und die beiden zusätzlichen Eigenschaften besitzt, vermag sich über die Natur zu erheben und das zu erkennen, was nicht zur Natur gehört. Er hat die Macht, all das zu lernen, was zum Himmel und zur Hölle gehört, Gott und sein Königreich zu erkennen und die Engel und die Geister.

Paracelsus

Der Mensch und
seine Beziehung zu den Naturreichen[*]

R.L.: Laut W.T.P. beschäftigen sich Jesus und die Seinen
zur Zeit intensiv damit, die harmonische Verständigung
und Zusammenarbeit aller Lebensformen und Intelligenzen der uns bekannten sieben Naturreiche, zu denen
auch wir Menschen gehören, zu fördern. Die folgende
Ansprache, die W.T.P. ursprünglich 1962 vor seinen
Freunden des Chalice Well Trust in Glastonbury hielt
und die später in der Zeitschrift »Light« veröffentlicht
wurde, ist sein letzter und einer der wichtigsten Vorträge
gewesen. Er scheint sich als Nachwort zu diesen Erinnerungen gut zu eignen. Als ich ihn zum ersten Mal hörte,
verblüfften mich, wie so oft, die Parallelen zwischen dem
Geist des William Blake und jenem von W.T.P.

Die sachlichsten der englischen Mystiker und die
erleuchtetsten und realistischsten Visionäre betonten alle
die Einheit des Seins und der Belebtheit aller Dinge. Blake
hätte W.T.P.s Unterhaltung mit der Rotbuche vollkommen verstanden und richtig eingeschätzt. In den vor fast
zweihundert Jahren geschriebenen Zeilen hat der Dich-
ter das Wesentliche dieses Themas herausdestilliert.

---

[*] Späterer Nachtrag von Rosamond Lehmann zu den »Erinnerungen«.

Jedes Sandkorn,
Jeder Stein im Land,
Jeder Fels und jeder Hügel,
Jeder Brunnen und jedes Bächlein,
Jedes Kraut und jeder Baum,
Berg, Hügel, Erde und Meer,
Meteorenschwarm und Stern
Sind Menschen, aus der Ferne betrachtet.

W.T.P.: Zum ersten Mal in der Geschichtsschreibung ist es den Menschen gelungen, ein Mittel zu ersinnen, durch das alles Leben auf diesem Planeten über Nacht ausgelöscht werden könnte. Unwissende und unkluge Einmischung in die Naturgesetze, hauptsächlich durch die Kernspaltung und ihre tragischen Auswirkungen, könnten durch einen Atomkrieg oder sogar durch ein Versehen unsere Welt augenblicklich in einen riesigen Friedhof verwandeln.

Wie lange können wir noch erwarten, dass die geistigen Kräfte uns vor uns selbst und jenen beschützen, die die Anhäufung von Atomwaffen unterstützen? Als Menschen mögen wir, im physischen Sinne, über die Macht verfügen, uns selbst zu zerstören. Wer aber gab uns das Recht, die Gesundheit und die Lebenskräfte in den Naturreichen zu gefährden?

Wir wissen wohl, dass es eine intelligente, lebendige

Energie in Myriaden von Formen gibt, die sich nicht nur im Mineral-, Pflanzen- und Tierreich, sondern auch im Feuer-, Luft- und Wasserreich entwickelt.

Inzwischen betrachten wir unsere eigene Spezies als die Herrn der Schöpfung, deren Herrschaft über alle anderen Lebensformen auf diesem Planeten nicht nur als selbstverständlich, sondern als unser rechtmäßiges Erbe erachtet wird. In unserem engstirnigen Egoismus blicken wir auf die Bewohner der übrigen Reiche als unsere Sklaven hinunter, die sich deshalb unserem unwissenden oder vorsätzlichen Gutdünken zu fügen haben.

Wäre es nicht an der Zeit, unsere Beziehung und unsere Verpflichtungen in Bezug auf die Lebenskraft der Natur, mit der unsere eigene Entwicklung und unser zukünftiges Wohlergehen weitgehend verbunden ist, erneut zu überprüfen? Unsere Verantwortung gegenüber allen Lebensformen auf dieser Erde ist größer, als es uns bewusst wird. Können wir behaupten, dass wir diese Tatsache erkennen und uns bemühen, unsere Pflicht zu erfüllen?

Nehmen wir ein Beispiel: Selbst wenn bewiesen werden kann, dass die Vivisektion von Tieren der Menschenrasse alles in allem zum Vorteil gereicht, können wir da so sicher sein, dass diese Vorteile nicht einen zu hohen Preis fordern?

Auf einem anderen Gebiet menschlichen Vorgehens fragt man sich, welches Recht haben wir, Tiere, Vögel, Fische, Insekten, Pflanzen, Erdkrume, Luft, Wasser und Bäume durch giftige Radioaktivität den Gefahren der Umweltverschmutzung auszusetzen.

Wir scheinen gewillt zu sein, solche Gefahren für uns selbst zu akzeptieren, auch wenn das zweifellos ein Fehler ist, aber warum sollten wir annehmen, eigenmächtig alle anderen Lebensformen auf dieser Erde, die ebenso ihr wie unser Zuhause ist, ins Unglück zu stürzen?

Eine Minderheit gedankenvoller Menschen im Westen beginnt, unser Recht in Frage zu stellen, Tiere, Vögel und Fische zu züchten und zu töten, um unsere Gelüste zu befriedigen. Die Natur kann uns mit einer Fülle an Nahrungsmitteln in Form von Getreide, Früchten, Nüssen und Gemüsen versorgen. Ist es also nicht töricht, wenn nicht sogar falsch (ein Versagen, das Evolutionsgesetz zu erfüllen), den Reichtum der Natur aus zweiter, anstatt direkt aus erster Hand zu empfangen?

Das Thema einer angemessenen Beziehung des Menschen zu den Naturreichen ist zu umfassend, um an dieser Stelle entsprechend behandelt zu werden. Mein Hauptanliegen, seine Grenzen zu berühren, ist der Wunsch, einige wenige Erfahrungen mit Ihnen zu teilen, die in unmittelbarem Zusammenhang mit dem Titel dieser Aufzeichnungen stehen. Einige dieser Erlebnisse mögen zu unbedeutend sein, um sie zu erwähnen, doch es ist bekannt, dass scheinbare Belanglosigkeiten oft den Weg zur Wahrheit weisen.

Was mich betrifft, so haben diese Erlebnisse und viele andere ähnlicher Art meine Überzeugung gestärkt, dass aus der Sicht der Evolution das Leben in allen seinen Erscheinungsformen unteilbar ist, also miteinander verflochten, gleichgültig ob sich dieses Leben in menschlicher oder irgendeiner anderen Gestalt zum Ausdruck bringt.

Von Intelligenz erfüllte Energie beschränkt sich keineswegs auf die Menschenrasse. Die Weiterentwicklung zu höheren und geistigeren Bewusstseinsebenen muss mit Sicherheit ein allumfassender Prozess sein, ein Vorgang, der sich gewiss nicht nur auf die Menschenrasse allein bezieht.

Wir wollen mit einem Erlebnis in der afrikanischen Sahara-Wüste beginnen, einer einst grünen, bewaldeten Fläche voller Leben, die heute eine riesige Weite scheinbarer Leere ist.

Ich saß alleine auf einer Sanddüne und beobachtete nach einem Tag von blendender Hitze und schimmernden Trugbildern den Sonnenuntergang. Wie es oft in den Wüstenregionen der Fall ist, erhob sich eine leichte Brise und wirbelte den Sand um mich her sanft auf. In diesem Augenblick wurde ich mir eines Bewusssseinswandels bewusst, der den Radius meines inneren Schauens veränderte. Der Sand selbst strömte ein eigenes Leben aus, das in die Brise emporzusteigen und eins mit ihr zu werden schien. Ich hörte auf, ein einsames, in seiner körperlichen Form wie in einem Gefängnis eingesperrtes Individuum zu sein.

Ich kommunizierte auf gleicher Ebene mit dem Geist der Brise und mit dem Leben des Sandes und nahm eine freundschaftliche Beziehung zu ihnen auf. Alle Schranken waren verschwunden, und vorübergehend war ich mit den Energien der Natur, die mich umgaben, vereint.

Ein solches Erlebnis scheint unbedeutend zu sein,

wenn man davon erzählt, aber es umfasst eine Wirklichkeit, die man mit Worten nicht vermitteln kann. Scha-
de, dass dies für die meisten der folgenden Erlebnisse
zutreffen mag.

Die Lebenswasser einer Oase

Während derselben Expedition erreichte ich später eine kleine Oase, die mir von früheren Besuchen bereits vertraut war. Das Oberhaupt der winzigen Gemeinde, die dort lebte, empfing mich. An seinem Verhalten erkannte ich, dass etwas nicht stimmte. In der von einer niederen Mauer aus Bruyèreholz und primitiven Sandziegeln umgebenen Oase gab es einen Hain mit Dattelpalmen, Feigen- und Orangenbäumen sowie einen sorgfältig gepflegten Getreide- und Gemüsegarten. Die Häuser der vierzig Bewohner (Männer, Frauen und Kinder) waren einstöckig und aus ähnlichen Steinen gebaut wie die Mauer, die die Oase umgab und den ständig eindringenden Wüstensand abhalten sollte.

Das Leben dieser Oase und ihrer Leute, zusammen mit einigen Kamelen, Schafen, Ziegen und Geflügel, hing von der Wasserversorgung aus einem tiefen Brunnen ab, der in Bodennähe zu einer Zisterne erweitert worden war.

Nur die Quelle unter dem Brunnen lieferte das Wasser zum Trinken, für die Bewässerung der Bäume und den Garten, für die Tiere und für alle Bedürfnisse des Haushalts.

Diese Quelle war noch nie ausgetrocknet. Nun aber

verringerte sich die Wassermenge Tag um Tag, was bedeutete, dass man vielleicht alles verlassen musste. Während ich zum Gästezimmer im Hause des Oberhaupts geleitet wurde, schilderte man mir diese Situation.

Beim Abendessen bat ich meinen Gastgeber, alle zusammenzurufen, um gemeinsam für einen glücklichen und segensreichen Ausgang der Lage zu beten, damit ein allgemeiner »Auszug in die Wüste« vermieden werden könnte.

Es waren gute Moslems, die diese Bitte begeistert aufnahmen. Gemeinsam sprachen wir ein einfaches Gebet zu Allah und seinem Propheten und baten um ihre Hilfe und ihren Beistand.

Später suchte ich mein Zimmer auf, betrübt, dass mich die Musik des kleinen Brunnens im Hof vor dem Fenster nicht wie bei früheren Besuchen in den Schlaf wiegen würde.

Als ich schließlich einschlief, veränderte sich der Rhythmus meines Bewusstseins in ähnlicher Weise wie ich bereits beschrieben habe. Meine Gedanken- und Gefühlsabläufe sanken auf eine tiefere Stufe oder stimmten sich auf die elementaren Intelligenzen ein, in deren Obhut die Quelle und deren Umgebung lagen.

Nun vermochte ich zu erkennen, dass sich in etwa hundert Metern unter der Erdoberfläche ein Spalt im Strombett geöffnet hatte, verursacht durch einen »Fehler« in der Felsschicht. Als Folge davon sickerte der Strom in die Erdtaschen anstatt seinen gewöhnlichen Weg aufwärts zu nehmen.

Ich erinnere mich, dass ich die Naturgeister, mit denen ich dann in Verbindung stand, bat, mit Hilfe unseres vereinten Gebets das Leck zu flicken und den Strom wieder in seine richtige Bahn zu lenken. Die Bitte wurde sehr freundlich entgegengenommen, ohne mir eine eindeutige Zusage zu machen.

Doch am folgenden Morgen weckte mich sehr früh wieder das Plätschern des kleinen Brunnens vor meinem offenen Fenster auf.

Dann stellten wir fest, dass sich der Hauptbrunnen gefüllt hatte, und mitten in der allgemeinen Freude zog ich meines Weges. Doch zuvor konnte ich noch sehen, dass die undichte Stelle im Strombett, die so tief lag, dass keine Menschenhand sie hätte erreichen können, während der Nacht sorgfältig und wirkungsvoll ausgebessert worden war.

Zum Thema Wasser möchte ich noch eine zweite Begebenheit erwähnen. In der unendlich weiten Wüste Sau-
di-Arabiens sind Quellen praktisch unbekannt. Entlang
der Hauptkamelstraßen findet man hin und wieder
Wasserlöcher, seichte, schlammige Pfützen. Wenn hin
und wieder eine Karawane an einem dieser seltenen
Trinkplätze ankommt, muss sie oft feststellen, dass Ka-
mele oder Esel, die vor ihnen dort gewesen sind, das
Wasser mit ihren Hufen fast bis zum Verschwinden
niedergetrampelt haben.

Da das nächste Wasserloch oft hunderte Meilen entfernt liegt, kann dies zu ernsten Schwierigkeiten führen.

Mir sind nur die Wüstenränder bekannt, deshalb
gründet sich die folgende Geschichte auf Hörensagen.
Aber der Mann, der mir davon berichtete, ist zuverlässig
und aufrichtig. Er ist syrischer Abstammung und führte
seinerzeit viele Handelskarawanen durch die arabischen
Wüsten, deren Reisen oft mehrere Monate dauerten. Er
versicherte mir, dass er und andere Karawanenführer in
bestimmter Weise vorzugehen pflegen, wenn sie ein
Wasserloch auf ihrem Weg vorfinden, das unbrauchbar
ist. Ich werde seine Worte übersetzen: »In einem solchen

Fall schaufeln wir so lange in dem Loch, bis wir auf Feuchtigkeit stoßen. Diese sammeln wir sorgfältig in einer Ziegenhaut, selbst wenn es sich nur um wenige Tropfen handelt. Wir führen sie mit uns, bis wir einem Einsiedler oder heiligen Mann begegnen, dem wir das Wasser geben und die Umstände erklären. Dieser ruft dann den Segen Allahs auf den winzigen Rest, den wir gebracht haben, herab und sprenkelt ihn auf den Boden vor ihm. Ich besitze unwiderlegbare Beweise, dass von diesem Augenblick an das besagte Wasserloch wieder völlig hergestellt und brauchbar wird, gleichgültig wie weit entfernt es gelegen sein mag.«

Eine seltsame Eigenschaft des Wassers besteht darin, dass es keine Rolle spielt, wie weit die Probe von ihrem Ursprung entfernt wurde. Eine starke, unsichtbare Verbindung zwischen besagtem Wasser und der Quelle, aus der es genommen wurde, bleibt bestehen. Der Wein zeigt eine ähnliche Verknüpfung mit dem Weinberg, von dem er stammt.

In jüngster Zeit wurde in der Radiästhesie experimentell festgestellt, dass ungeachtet der Entfernung die gleiche lebendige Affinität zwischen einem Blutstropfen und seinem ursprünglichen Strom besteht.

Man mag mich fragen, warum ich solche Begebenheiten erzähle. Meine Absicht besteht darin, die Tatsache zu verdeutlichen, dass der Mensch nicht für sich alleine lebt. Unter normalen und ausgeglichenen Umständen kann eine enge und freundliche Beziehung zwischen uns Menschen und den Lebensenergien und Intelligenzen der anderen sechs uns bekannten Naturreiche bewahrt bleiben.

Unterhaltung mit einer Rotbuche

Vor nicht allzu langer Zeit überquerte ich die Alpengrenze zwischen Österreich und Bayern und kletterte auf einer schmalen Ebene direkt unterhalb der Schneegrenze entlang.

Ich hatte gerade eine Reihe anstrengender und tragischer Erlebnisse hinter mir und suchte nach dem richtigen Fleck, um mich ein wenig auszuruhen. Nicht weit unterhalb von mir erhob sich am Rande eines Abgrunds eine wunderbar gewachsene Rotbuche in ihrer Einsamkeit. Ich wusste natürlich um die erneuernde Kraft dieser Baumart und kletterte so weit hinunter, dass ich mich in einer angenehmen Stellung unter der Aura und dem Schutz dieses lieblichen Baumes niederlassen konnte.

Nach einer Weile vermochte ich mich auf die Sprache des Baumes »einzuschwingen«. Ich werde jetzt versuchen, den gedanklichen Austausch zwischen mir und dem Geist der Rotbuche in Worte zu kleiden.

W.T.P.: »Welch ein herrlicher Baum bist du, der du hier alleine stehst! Wie schaffst du es, genügend Erdreich für deine Wurzeln zu finden, um dich so hoch und aufrecht zu halten?«

R.B.: »Danke dir, aber mir geht es gut, denn meine

Wurzeln durchdringen verborgene Felsspalten, und dort unten gibt es genügend gute Erde… Sehr freundlich von dir, danach zu fragen.«

W.T.P. »Wünschst du dir nicht einen Gefährten in deiner Einsamkeit?«

R.B.: »Ja, manchmal fühle ich mich einsam. Wir wachsen gerne paarweise, aber diese Tatsache scheint jenen, die uns pflanzen oder säen, unbekannt zu sein.«

W.T.P.: »Empfinden alle Bäume diesen Wunsch nach Zweisamkeit, und haben Bäume ihr eigenes Geschlecht?«

R.B.: »Ich kann nicht für andere Bäume sprechen, wir aber ziehen es vor, mit einem Gefährten aufzuwachsen, nicht zu dicht, aber in »Windgeflüster-Abstand«. Einige von uns fühlen sich in sich selbst vollständig, andere wiederum brauchen einen sie ergänzenden Gefährten, um sie wirklich glücklich zu machen.«

W.T.P.: »Danke dir für deine Auskunft. Nun hoffe ich, zwei Rotbuchen in unserem Chalice Well Garten in Glastonbury in England zu pflanzen. Aber wie findet man heraus, welche Bäume sich gegenseitig ergänzen?«

R.B.: »Vergleiche unsere jungen Blätter sehr sorgfältig miteinander und folge deinem Instinkt. Unsere Begegnung hat mir Freude bereitet, und ich wünschte, mehr von deiner Art könnten uns verstehen und würden uns helfen. Sei gut zu uns allen und komme wieder.«

Als ich angeregt und erfrischt weiterging, konnte ich

mich des Gefühls nicht erwehren, wie falsch und traurig es doch ist, dass wir Menschen es zulassen konnten, die Verständigung mit dem Leben in der Natur zu verlieren.

Als ich dieses Erlebnis mit einem fortgeschrittenen Schüler der esoterischen Tradition diskutierte, erfuhr ich, dass die orientalische Lehre die Blutbuche mit dem Planeten Mars verbindet. Nach dieser Überlieferung war Mars einst ihre ursprüngliche Heimat. Seit Rotbuchensamen ihren Weg zur Erde fanden, wirkt dieser Baum als wohlwollende Verbindung zwischen den beiden Planeten! Diese Vorstellung fasziniert mich, wie fantastisch sie auch in den Ohren derjenigen klingen mag, die nichts von einer Beziehung zwischen den einzelnen Planeten in unserem Sonnensystem halten.

Ein Erlebnis in der Welt der Insekten

Kürzlich wurde in der Presse davon berichtet, wie eine englische Dame es schaffte, ihr Haus von Käfern und anderen unerwünschten Besuchern ausschließlich mit friedlichen Mitteln und Gebeten zu befreien.

Das erinnert mich an eine ähnliche Begebenheit, die vielleicht die Glaubwürdigkeit dieses Vorfalls erhärtet.

Der Sommer 1919 war besonders schwül in Ägypten. Der Nil floss träge dahin, und meine Dahabieh (Nilbarke), auf der ich damals wohnte, war verseucht mit Flöhen und Moskitos. Weder Netze noch Sprays hielten sie in Schach, und meinen Gästen und mir war es unmöglich, zu essen und zu schlafen, ohne bis zu einem Punkt belästigt zu werden, der unerträglich wurde.

In jenen Tagen verfügte ich nur über begrenzte Fähigkeiten esoterischen Experimentierens. Doch die Lage wurde so hoffnungslos, dass etwas unternommen werden musste, um das Problem zu lösen. Ich konzentrierte mich in Gedanken und im Gebet auf die Angelegenheit. Innerhalb von vierundzwanzig Stunden kam die Antwort. Als ich mich nach einer ruhelosen Nacht früh am Morgen erhob, stellte ich eine Veränderung in meinem Gedankenrhythmus fest.

Bald darauf erreichte ich eine Bewusstseinsebene, die anscheinend die Welt der Insekten innehat und vermochte mich auf den Elementargeist eines Moskitoschwarms einzustellen, der in meine Kabine gedrungen war. Ich erklärte meine missliche Lage und versprach, dafür zu sorgen, dass die Moskitos in einiger Entfernung von meinem Boot jeden Morgen am Flussufer entsprechendes Futter vorfinden würden, wenn sie uns verließen. Ich muss gestehen, dass ich damals kaum zu hoffen wagte, dass dieser Plan erfolgreich sein könnte und glaubte auch nicht an den Wert des Gebets in derartigen Fällen.

Verblüfft brachte mein Koch jeden Morgen das versprochene Futter zum Ufer. So unglaublich es scheinen mag, das Wunder geschah! Von diesem Zeitpunkt an hörten die Moskitos (und auch die Flöhe) auf, uns zu plagen, weder bei Tag noch bei Nacht. Es wurde sogar möglich, die Mahlzeiten ohne Moskitonetz oder andere Schutzmaßnahmen an Deck zu servieren.

Bis zum heutigen Tag blicke ich dankbar auf diese besondere Begebenheit zurück. Ich möchte noch erwähnen, dass seither das gleiche Mittel bei mehreren Gelegenheiten an verschiedenen Orten des Ostens in von Flöhen und Käfern verseuchten Gegenden gewirkt hat, selbst ohne »Köder«, nur durch die Bereitstellung einer Mahlzeit anderswo.

Es gibt keinen Grund, meinen Bericht anzuzweifeln,

obgleich er ungewöhnlich ist. Der Leser mag jedoch meine Auslegung der Vorfälle in Frage stellen, sei es von der Ebene innerer Schau oder von einer eher wirklichen Ebene aus gesehen.

Mein Freund, der Eichenbaum

Seit Jahren stehe ich in freundlichem Einvernehmen mit einer ehrwürdigen Eiche, die heiter und schon lange in nicht allzu weiter Entfernung von meinem Heim in Sussex lebt.

Als ich kürzlich an ihrem einladenden Schatten vorüberging, erreichte mich eine Mitteilung, die ich etwa folgendermaßen wiedergeben möchte: »Wir können nicht verhindern, was dir bald geschehen wird, aber wir können dich vor den Folgen schützen. Sei vorsichtig.« Damals achtete ich unklugerweise kaum auf diese geheimnisvolle Warnung und schlenderte gedankenverloren weiter. Nach zehn Minuten wurde ich plötzlich körperlich hoch emporgehoben und auf die Straßenböschung geschleudert. Weder ein Windstoß noch irgendein anderer plausibler Grund konnte für diesen Vorfall verantwortlich gemacht werden. Als ich ein oder zwei Minuten später wieder zu Bewusstsein kam, stellte ich fest, dass die Böschung, auf der ich blau gefleckt und atemlos lag, mit Moos und Farn weich gepolstert war. Wäre ich auf den steinigen Gehsteig gefallen, hätte ich ernsthafte Folgen erlitten.

Während der physische Schock noch einige Stunden

nachwirkte, konnte ich nach gewisser Zeit ohne Hilfe nach Hause gehen. Der fühlbare Beweis dieses Erlebnisses in Form von zahlreichen ernsthaften Quetschungen blieb, um mich noch wochenlang danach an den Vorfall zu erinnern.

Natürlich suchte ich nach einer Erklärung für einen derartig mutwilligen Angriff. Eine Woche später ging ich wieder unter meinem Eichenbaum entlang und gewann folgenden Eindruck. Ob er vernünftig ist, das überlasse ich anderen zu beurteilen, die sich in solchen Geheimnissen besser auskennen.

Ich war einem abirrenden Energie- oder Kraftkomplex begegnet, der sich von seinem ursprünglichen Komplex gelöst hatte; vielleicht als Folge irgendeiner atomaren Störung im Äther der Atmosphäre. Ich hatte als eine Art Blitzableiter gedient, um dieses gefährliche Phänomen sicher zu »erden«. Ansonsten hätte sein unkontrolliertes Herumwandern womöglich einen Verkehrsunfall oder sogar den Absturz eines Flugzeugs verursacht. Ich brachte meinen Dank zum Ausdruck und ging fröhlich weiter.

Diese Erklärung klingt weit hergeholt, und ich weiß nicht, von wem sie stammt oder ob sie einer verlässlichen und maßgeblichen Quelle entspringt. Auf den ersten Blick betrachtet, fragt man sich jedoch, ob nicht einige der vielen unerklärbaren Unfälle, die sich in unserer hektischen Zeit so häufig ereignen, nicht auf solche umher-wandernden und unkontrollierten Energien, die ihren Weg verloren haben, zurückzuführen sind. Eines ist sicher. Es muss einen Riss in meinem Schutzschild gegeben haben, um mich für einen solchen Angriff anfällig zu machen. Ich gelangte zu dem Schluss, dass der fragliche Riss durch eine starke Depression angesichts der jetzigen Weltlage verursacht worden war; eine Depression, die mich mental für einige Tage vor dem Ereignis beschäftigt hatte.

Sicher ist, dass sowohl Angst als auch Depression das Einfallstor für einen »Angriff« sein können. Das Folgende wird diese Tatsache beleuchten.

Die Fliege auf der Fensterscheibe

In den frühen Tagen der Luftfahrt flog ich einmal von Nizza nach Lyon. Auf diesem Flug, in einer zweimotorigen französischen Maschine, war ich der einzige Passagier. Es war sehr heiß in Nizza gewesen, doch als wir über die Alpen flogen, wurde es empfindlich kalt. Decken oder irgendeine andere Wärmemöglichkeit gab es nicht.

Da begann einer der beiden Motoren zu stottern und blieb bald darauf stehen. Von meinem Sitz aus konnte ich das Gesicht des Piloten durch ein kleines Fenster sehen. Bald erkannte ich, dass er vor Angst völlig verstört und im Begriff war, die Nerven zu verlieren. Ich muss gestehen, dass der Anblick seines Gesichts mir vorübergehend die Kraft zum Beten nahm und ich nur noch meine eigene Furcht bemerkte. Da wurde mir deutlich klar, dass ich meine persönliche Angst besiegen und meinen Glauben und meine Gelassenheit wiedererlangen und diese Eigenschaften auf den Piloten übertragen musste, da sonst das Flugzeug mit seinen Insassen dem Untergang geweiht war.

Was nun folgt, mag wegen seiner Banalität ein Lächeln hervorrufen, doch gerade diese Bedeutungslosigkeit konnte zum Vorteil genutzt werden. Meine Aufmerksamkeit wurde plötzlich vom Anblick einer gewöhnlichen Hausfliege abgelenkt, die immer wieder versuchte, die Fensterscheibe neben mir empor zu krabbeln. Sie war so in diesem Vorhaben versunken, dass ich dieses keineswegs ungewöhnliche Bild gefesselt beobachtete. Bald ging es mir durch den Sinn: »Diese Fliege hat keine Angst und doch bin ich, der ich es doch besser wissen sollte, gelähmt vor Furcht.« Eine recht unlogische Schlussfolgerung, aber eine wirkungsvolle.

Fast augenblicklich verlor ich meine Angst und begann Wellen der Zuversicht in den Geist und die Emotionen des Piloten zu senden, von dessen nächsten Handlungen unser Leben abzuhängen schien. Es war interessant zu beobachten, wie die grüne Gesichtsfarbe allmählich in eine gesündere überging und seine Hände aufhörten zu zittern. Es war ihm ebenso wie mir gelungen, die Angst zu überwinden. Da ich kein Mechaniker bin, konnte ich nicht erkennen, was er machte, doch fast unmittelbar darauf begann der Motor anzuspringen, um sich dann wieder gleichmäßig zu drehen.

Wir setzten unseren Weg fort und landeten in Lyon. Später kam der Pilot, den ich nicht kannte, in der Bar der Flughafenhalle zu mir herüber, schüttelte mir warm die Hand und sagte sichtbar bewegt: »Danke, haben sie unendlichen Dank für immer!«

Ich habe mich oft gefragt, wie wohl seine Reaktion gewesen wäre, hätte ich ihm erzählt, dass er sein Leben wahrscheinlich einer gewöhnlichen Hausfliege zu verdanken hatte. Es war zweifellos ein Strom von neuer Hoffnung und Mut, der den Piloten in jenem kritischen Augenblick die richtige Entscheidung treffen ließ, zu der er in seiner lähmenden Angst vorher nicht fähig gewesen war.

Naturgeister

In meinem Buch »The Silent Road« gibt es ein Kapitel, in dem von einem Naturgeist die Rede ist, der meistens zu meinem Vorteil in meine Angelegenheiten eingegriffen hat. Ich habe diesen lebhaften und stets willkommenen Besucher meinen »kleinen Dschin« genannt. Obwohl wir uns niemals mit Worten verständigt haben, hat sich eine Form von telepathischer Mitteilung bewährt.

Um diese Erlebnisse wiederzugeben, war es notwendig, Vorstellungen in Worte zu übertragen, da ansonsten denjenigen, denen der Vorgang wortloser Telepathie fremd ist, solche Erlebnisse nicht klar überbracht werden können. Daraufhin haben einige meiner Briefschreiber natürlicherweise ihre Ungläubigkeit zum Ausdruck gebracht. Diese Tatsache unterstreicht die Schwierigkeiten, die auftreten, wenn man Geschehnisse aus »anderen Welten« jenen vermitteln möchte, denen dieser Bereich nicht vertraut ist. Ich bin fest von der Existenz der Zwerge überzeugt, wie die Iren sie nennen, das heißt, von Naturgeistern, Feuer- und Wasser-Elementarwesen und vielfältigen anderen, nicht menschlichen Seinsformen, die ihr sinnvolles Leben im Umfeld des Menschen leben, für die meisten von uns unsichtbar, doch wirklich und lebendig wie wir selbst.

Vision und Wirklichkeit

Es gibt ein Problem, das fast unlösbar zu sein scheint. Selbst in seinem eigenen Geist kann man das so genannte visionäre Erleben nicht leicht von einem äußeren Ereignis klar trennen, wobei letzteres dem fraglichen Erleben folgen kann oder auch nicht.

Ein Ereignis, das sich im Geist abspielt, kann sich für den Betreffenden als wirklich und tatsächlich erweisen, gleichgültig ob es auf äußerer Ebene Gestalt annimmt. Wenn jemand versucht, Geschehnisse, wie sie hier beschrieben worden sind, anderen zu vermitteln, fällt es einem selbst sogar schwer, den genauen Punkt zu definieren, an dem das innere Bild oder Erleben in das äußere Ereignis übergeht. Ich habe noch keinen Weg gefunden, diese Schwierigkeit zu überwinden.

Wer von uns vermag unter allen Umständen eine klare Trennungslinie zu ziehen zwischen dem, was »wirklich« und dem, was Einbildung ist?

Ich erinnere mich an eine Begebenheit, als mein kleiner Dschin wie gewöhnlich urplötzlich auftauchte und mir die Frage stellte, warum die Menschen sich in ihrem Alltagsleben so seltsam verhalten. Als ich ihn fragte, was er damit meinte, erwiderte er auf gedanklicher Ebene etwa Folgendes:

»Sie scheinen fast immer Schatten nachzujagen, die sie für Realitäten halten. Andererseits aber ignorieren sie völlig, was für uns Wirklichkeiten und deshalb viel interessanter und wertvoller sind.«

Der Gedanke beunruhigt, dass diese Bemerkung der Wahrheit entsprechen könnte. Sind wir nicht süchtig danach, »Schatten zu jagen«, während wir nicht die Substanz beachten, aus der diese Schatten hervorgehen?

Ich hoffe, dass inzwischen der wesentliche Grund für die Mitteilung meiner Erlebnisse deutlich geworden ist. Ich habe versucht zu zeigen, dass keine starren Schranken uns Menschen von anderen Lebensformen und Intelligenzen trennen müssen, die ihr Dasein in den sechs Naturreichen haben. Wir selbst gehören zum siebten.

Die fortlaufende Entwicklung des Lebens innerhalb dieser sieben Reiche geschieht als Ganzes, nicht getrennt. Das Leben ist eine Einheit, und alle seine Manifestationen in der sichtbaren und unsichtbaren Form stehen in gegenseitiger Wechselbeziehung. Aus diesem Grunde sollten wir beginnen, die Wahrheit zu verstehen und sie zu praktizieren und die damit einhergehende Verantwortung gewissenhaft anzunehmen.

Eine Unterhaltung

R.L.: In der Annahme, dass die Themen, die im Laufe dieser Unterhaltung, die an einem Nachmittag im November 1963 stattfand, angesprochen wurden, für viele von Interesse und Bedeutung sein mögen, habe ich W.T.P. um Erlaubnis gebeten, das Gespräch teilweise wiedergeben zu dürfen.

R.L.: Ich kann mich nicht dazu bringen, den Ausdruck »hinüber gehen« oder »weiter gehen« zu gebrauchen – alle diese Redewendungen der Spiritisten, wenn sie vom Tod sprechen. Sie klingen so beschönigend und gekünstelt. Aber ich habe bemerkt, dass auch du immer vom »Übergang« eines Menschen sprichst, wenn du seinen Tod meinst. Warum soll man dieses schonungslose Wort nicht benutzen? Um ihm den Stachel zu nehmen?

W.T.P.: Es gibt wirkungsvollere Mittel, den Stachel zu nehmen!…Aber es gibt Mächte und Kräfte, die sich dem völligen Verschwinden individuellen Lebens widmen, wie wir Menschen es verstehen. Sie arbeiten für die Auflösung der Individualität der Menschenseele in den ewigen Ozean unmanifestierten Lebens, um eine neue Evolutionsepoche in neuen Mustern einzuleiten. Zu diesem Zweck wirken diese Kräfte gemeinsam mit den beharrlichen Bemühungen des Menschen, sich selbst durch Nuklearexplosionen oder andere Formen des Missbrauchs seines freien Willens zu zerstören.

Sie werden wahrscheinlich keinen Erfolg haben.

Aber jedes Mal, wenn wir das Wort »Tod« in Beziehung zum Leben oder Fortbestehen eines individuellen Wesens benutzen, versorgen wir diese Kräfte mit Munition. Wir säen die falschen mentalen Samen mit potentiell höchst verheerenden Folgen… Eigentlich ist es sogar falsch, vom »Tod« des physischen Körpers zu sprechen, denn er löst sich in tausend Energien und Ausstrahlungen auf, selbst wenn er verbrannt wird… Ganz zu schweigen vom Wesenskern, der verwandelt und von der mentalen Form oder dem Mentalkörper der Seele absorbiert wird. Früher oder später bildet dieser Kern das Kreuz oder die Grundlage für die nächste sich inkarnierende physische Form derselben Seele. Das ist die richtig verstandene Auferstehung des Körpers.

(Als ich diese Information einer lieben Freundin weitergab, die sich im Laufe von vielen Jahren der Disziplin und Hingabe selbst zu einem wunderbar reinen, hellhörenden Kanal der Übermittlung geschult hatte, meinte diese: »Vielleicht fühle ich mich deshalb immer schuldig, wenn ich dieses Wort benutze.« Doch wir stimmten darin überein, dass die Alternativen unbefriedigend waren und Ausnahmen möglich seien, etwa in Donnes großartigem Gedicht, das mit den Worten beginnt: »Tod, sei nicht stolz…« Das Wort sozusagen in Anführungsstrichen zu verwenden und mit Verständnis, müsste uns sicherlich entlasten.)

***

R.L.: Kannst du mir etwas mehr über den Seelenkörper sagen?

W.T.P.: Ebenso wie das ätherische Gegenstück des Physischen die Verbindung zu der nächsten Form darstellt, in der wir uns nach dem Tod manifestieren, ist der Seelenkörper das Gegenstück oder der Träger des Geistes. Wie die Nabelschnur das Kind physisch mit der Mutter verbindet, besitzt jeder höhere Träger einen strahlenden oder »silbernen« Verbindungskanal, der erstens aus ätherischer und zweitens aus Seelensubstanz besteht.

Die Ätherhülle kann voller unharmonischer Elemente sein. Wenn sie sich zerstreut und das hervortretende Wesen tatsächlich in seinem neuen Körper wirksam ist, schlägt sich die gesamte Substanz dieser Hülle nieder. Dies schafft die fast dichte Schicht, die das menschliche Bewusstsein umgibt…sie umhüllt das ätherische Gegenstück des Planeten selbst.

R.L.: In den letzten Jahren habe ich so viel über die Wiederverkörperung gelesen und gehört. Ich glaube natürlich daran.

W.T.P.: Oh, du glaubst daran!...Ich vermute, sie ist ein recht ansehnliches Thema geworden, selbst in Kirchenkreisen.

R.L.: Aber so viele Erklärungen und Theorien – von der »anderen Seite« wie von dieser – scheinen sich zu widersprechen.

W.T.P.: Es handelt sich um ein gewaltiges Thema und um ein sehr subtiles. Die Verwirrung entsteht größtenteils dadurch, weil nicht verstanden wird, dass nur sehr wenige Wesen, die jetzt auf der Erde weilen, voll inkarniert sind.

R.L.: Du meinst, das meiste unseres Selbst oder ein großer Teil davon lebt sozusagen »dort drüben«?

W.T.P.: Das trifft nur teilweise zu. Das Ego sendet jeweils einen unterschiedlichen Strahl von sich hinunter, um Disziplin zu lernen und Erfahrung zu sammeln. Deshalb gestaltet es sich so schwierig, vergangene Erdenleben zu bestimmen oder sich daran zu erinnern. Schließlich nimmt das Ego alle Strahlen wieder in sich auf. Wenn sich seine menschliche Entwicklung auf diesem Planeten der Vollendung nähert, sendet es die vollständige Seele als einziges Wesen in die Wiederverkörperung.

Doch mindestens dreißig Prozent der Menschen,

wenn nicht mehr, die jetzt auf der Erde weilen, sind noch nicht wirklich individualisiert; sie gehören immer noch einer Gruppenseele an.

R.L.: Gibt es ein feststehendes Gesetz, das die Anzahl der Inkarnationen auf diesem Planeten regiert?

W.T.P.: Nein, es gibt kein feststehendes Gesetz. Die Anzahl schwankt je nach dem Entwicklungsgrad der einzelnen Seele, seit die gegenwärtige fünfundzwanzigtausendjährige Evolutionsrunde begann.

Die meisten Leute hassen die Vorstellung, dass sich ihr ganzes individuelles Wesen nicht eher inkarniert als bis viele einzelne Teilaspekte eine Reihe von Erdenleben erfahren haben. Natürlich birgt dies die Gefahr, sich im materiellen Sinne vollständig zu fühlen; man neigt dazu, sich selbst von der unschätzbaren Verbindung zu seiner Mutterseele abzuschneiden.

Jeder, der ernsthaft den Pfad selbstlosen Dienens betreten hat, kann von seinem eigenen Ego den jeweiligen Strahl, den er zu seiner Arbeit benötigt, herabrufen.

Was ich dir hier erzähle, berührt natürlich nur den Rand des Themas.

R.L.: Wie kann der Christus oder Christos definiert werden?

W.T.P.: Der universelle, kosmische Christus ist ein göttliches Prinzip, nicht eine »Person«. Es handelt sich um einen Aspekt, eine Emanation des Allerhöchsten.

Wenn dieses Christus-Prinzip einen Eingeweihten oder Meister – oder auch einen geringeren Sterblichen – überschattet*), werden die Erfahrungen, Empfindungen und die Intelligenz dieser Auserwählten dauerhaft erhoben und erweitert. Das Prinzip selbst aber unterzieht sich keinen Evolutions- oder anderen Veränderungen. Es kann nicht leiden oder in irgendeiner anderen Weise anfällig für menschliche Situationen sein. Es ist in alle Ewigkeit. Doch bevor der Christus tiefer in das menschliche Leben mit allen seinen Aspekten hinabsteigen kann – bevor ein neues Zeitalter heraufdämmert – braucht es die Mitarbeit der Menschheit… Du kannst es dir so vorstellen, dass Er jetzt unsere Antwort erwartet, unsere volle Mitarbeit.

R.L.: Wie kann man den Logos definieren?

W.T.P.: Der Logos ist schlicht und einfach das Wort, das schöpferische Wort, durch das der Rhythmus als Grundlage für die Manifestation des Lebens in allen seinen Formen geschaffen wurde; nicht eine Eigenschaft oder Emanation.

Der Christus steht unter der Leitung der Gottheit, die das gesamte Sonnensystem der Planeten, Sterne und Trabanten beherrscht.

Der Herr oder Herrscher dieses Planeten (ein Einzelner) ist verantwortlich für die Aussendung von Boten,

---

*) durchlichtet

die ihn vertreten. Er wendet sich an die Solare Gottheit, um ihm die Dienste des Christus zu gewähren. Er ist der Kanal, durch den der Christus die Boten überschattet.

R.L.: Wie lauten die Attribute für den Herrscher dieses Planeten? Kann man ihn beschreiben?

W.T.P.: Alles Leben auf dieser Erde, seinem Planeten, untersteht seiner Führung. Er ist der Spender all der Eigenschaften, die wir als Liebe, Licht und Weisheit zusammenfassen. Du kannst in menschlichen Begriffen von ihm sprechen. Du kannst dich mit ihm in Verbindung setzen.

R.L.: Betest du zu ihm?

W.T.P.: Ich richte meine Gebete durch ihn an das Prinzip allen Lebens im Universum. Wenn es sich aber um eine Angelegenheit handelt, die den planetarischen Herrscher unmittelbar betrifft, dann setze ich mich mit ihm in Verbindung, denn es ist seine Angelegenheit.

R.L.: In »The Silent Road« sprichst du missbilligend, wenn nicht sogar ablehnend, über Trance, »automatisches« Schreiben, mediale Zirkel und so fort. Dies hat bei einigen Lesern, die sich danach sehnen, mit ihren »Toten« Verbindung aufzunehmen, Ängstlichkeit ausgelöst, und sie entnehmen deinen Worten, dass sie auf diese Weise keinen Trost suchen oder ihre eigenen übersinnlichen Fähigkeiten entwickeln sollten. Ich hatte das

Gefühl, du warst allzu radikal mit deinen Bemerkungen.

W.T.P.: Mag sein. Aber ich habe mich mit so vielen menschlichen Wracks auseinander setzen müssen, die daraus entstanden, dass sich die Leute aus Unwissenheit oder im Übermaß diesen physischen Phänomenen ausgesetzt haben…. Wir sollten begreifen, dass diejenigen, die gegangen sind, zumindest am Anfang weitaus unbeständigeren und trügerischeren Gegebenheiten ausgesetzt sind, als es hier bei uns der Fall ist. Sie sind keineswegs immer fähig, sich dem Doppelzug der Schwerkraft, irdisch gegen geistig, zu entziehen. Auf der so genannten Ebene der Illusion, auf der viele von uns verweilen, kannst du die Atmosphäre in jede dir beliebige Form bringen, indem du ihre magnetischen Energien und Strömungen manipulierst. Die Trance-Medien bedienen sich ebenfalls dieser Strömungen; du kannst die Gefahr erkennen; sie mögen die Tore – Torwege in zwei Richtungen – öffnen, die zur Selbsttäuschung, Verwirrung, sogar zu ernsthaften besitzergreifenden Einflüssen führen. Ganz zu schweigen von der gesundheitlichen Gefahr – geistiger und körperlicher Natur – der sich jene aussetzen, die sich auf Methoden der Trance einlassen.

R.L.: Ich lasse deine Worte gelten. Ich verstehe. Dennoch bin ich immer noch der Meinung, dass eine solch maßgebende Person wie du den Menschen auf diesem Gebiet eindeutiger helfen sollte und könnte…Hilf ihnen zu lernen, selbst zu unterscheiden und wahrzunehmen. Warum muss die Parole stets lauten: »Achtung!« »Vermeide!« »Misstraue!«? Ich habe den Eindruck, dass überall »Durch-Brüche« zu erkennen sind. Gewöhnliche Leute wie ich – nicht nur auserwählte und ausgesuchte – machen echte außersinnliche Erfahrungen. Warnungen sind gut und schön, aber was wir wirklich brauchen, ist erleuchtete Ermutigung.

W.T.P.: Wirklich! Und du kannst dir nicht vorstellen, dass ich dazu fähig bin? Eines möchte ich jedoch klarstellen und betonen. Die Menschenrasse tritt jetzt in eine neue Ordnung ein. Lebendige, geistige Wahrnehmungen, neue Kommunikationsmittel zwischen den einzelnen Bewusstseinsebenen werden sich entwickeln und allmählich eine geistige Öffnung bewirken, um uns zu erheben…Fort von dem, wo wir jetzt stehen! Wir sind zu erdig!

Außerdem möchte ich bemerken, dass es mir fern liegt, die Aufrichtigkeit guter Medien und ihren hingebungsvollen Dienst an der Menschheit in Frage zu stellen. Du selbst kennst und bewunderst einige, und das tue ich auch. In jedem Fall müssen die Methoden der Trance stufenweise abgebaut werden. Insgesamt gesehen ist es an der Zeit, dass alle wahrhaft Suchenden auf Trance, automatisches Schreiben, Materialisationszirkel und dergleichen verzichten. Diese Formen übersinnlicher Phänomene und Nachforschungen gehören zu der Periode des nach unten weisenden Bogens. Bedenke, dass wir uns am tiefsten Punkt dieser Evolutionsrunde befinden und auf den Impuls zum Aufstieg warten. Wir sind verpflichtet, weniger Spannung in den Welten zu bewirken, die wir beim Tod betreten. Wir müssen versuchen, unser Bewusstsein auf eine Ebene zu erheben, auf der wir frei von der Erdenschwere kommunizieren können. Es ist unsere Bestimmung, empor zu steigen; weniger und weniger zu 'sterben'. Wir dürfen uns nicht an etwas klammern, das zu weiterem Abstieg in die Materie führt – zu mehr 'Tod'.

Ordne jetzt jedoch deine eigene Entwicklung nicht falsch ein. Was bedeuten schon Bewertung und prozentuale Einschätzung? Wichtig ist nur, die Vorarbeit zu leisten.

R.L.: Wie sollte sich die Arbeit der Trance-Medien heutzutage gestalten? Wie sollten sie sich vorbereiten?

W.T.P.: Nun, ich würde einem solchen Medium Folgendes vorschlagen: »Wenn du deine Gaben im Neuen Zeitalter einsetzen möchtest, dann bete, bevor du dich in den Trancezustand begibst. Bete, dass das Wesen, dem du vertraust und das Besitz von deinem Organismus ergreifen wird, den geistigen Weg des Neuen Zeitalters weist. Hilf den Leuten zu verstehen, was es heißt, innerlich zur Ruhe zu kommen; was das Gebet selbstloser Aufnahmefähigkeit bedeutet; wie man die Ebene erreichen kann, auf der eine Verständigung mit unseren Lieben ohne Vermittler stattfinden kann.«

(Kürzlich fiel mir ein bemerkenswerter Brief von Rilke in die Hand. Er hatte ihn seinerzeit an meine Freundin, die Gräfin Nora Wydenbruck, in Beantwortung auf ihren Brief geschrieben, in dem sie ihm von ihren übersinnlichen Erfahrungen berichtete. Einige Gedanken daraus möchte ich in diesem Zusammenhang gerne zitieren.

Rilke: »Ich bin überzeugt, dass diese Phänomene, wenn wir darin nicht eine Möglichkeit zu entfliehen sehen und sie im Rahmen unserer gesamten Existenz betrachten....ich bin überzeugt, dass diese Phänomene kaum eine falsche Neugierde befriedigen, sondern von größter Wichtigkeit für uns sind...Wenn die Toten und jene, die noch kommen werden, einer Wohnstatt bedürfen, welcher Zufluchtsort könnte da geeigneter sein als diese Behausungen des Geistes? Mir dünkt, dass sich unser gewöhnliches Bewusstsein auf der Spitze einer Pyramide befindet, deren Fundament sich so weit in uns erstreckt, dass je tiefer wir eindringen, desto stärker wir eins sind mit den Ereignissen des irdischen Lebens, im weitesten Sinne des kosmischen Lebens, die unabhängig von Raum und Zeit sind… Diese Seancen, mit all ihren beunruhigenden und irreführenden Randfragen, ihrer Plumpheit, ihren Halbwahrheiten und (zweifellos) unzähligen Mißverständnissen, liegen auf dem Weg zu solchem Wissen (zum Beispiel, dass Vergangenheit, Gegenwart und Zukunft verschiedene Formen des ewigen Jetzt sind). Sie konnten mich nicht überraschen… Ich hätte gespürt, dass etwas fehlt, wenn ich nicht gewusst hätte, dass so etwas geschehen kann. Aber gerade weil für mich das Übernatürliche immer etwas Natürliches gewesen ist, habe ich mich diesen Offenbarungen ebenso wenig hingegeben wie den anderen Geheimnissen des Lebens; für mich sind sie ein Geheimnis unter vielen… Ich nehme sie zwar bescheiden, ernst und ehrfürchtig an, doch instinktiv erwacht etwas in meinem Bewusstsein, dass sie ausgleichen möchte. Nichts könnte mir fremder sein, als diese Phänomene die Oberhand gewinnen zu lassen…Was wissen wir denn schon von den Jahreszeiten der Ewigkeit und ob die Zeit der Ernte da ist. Wieviele Früchte, die uns bestimmt waren oder deren Gewicht allein sie nieder fallen lässt – wieviele solche Früchte sind im Werden neugierig untersucht worden, nur um ein hastiges, vorschnelles Verstehen zu gewinnen. Dabei handelte es sich oft um ein Missverständnis auf Kosten einer noch nicht ausgereiften Erhebung, die auf diese Weise zerstört wurde.«)

＊＊＊

R.L.: Was die magnetischen Zugkräfte und Strömungen betrifft, von denen du gesprochen hast, sind sie verantwortlich für das Gefühl von Depression oder die Antriebslosigkeit, die mich bei Gewitterschwüle oder überhaupt bei einem starken Wetterumschwung überfällt? Tritt die elektrische Störung ursprünglich auf den inneren Ebenen auf, sind sie sozusagen der Druck einer mehr übersinnlichen Ebene?

W.T.P.: Es gibt kein Ereignis in der dreidimensionalen Welt, das nicht bereits in der vierdimensionalen Ebene stattgefunden hat.

R.L.: Worin liegt der Unterschied zwischen hellsichtiger und geistiger Schau?

W.T.P.: Beim hellsichtigen Schauen handelt es sich nur um ein erweitertes physisches Sehen. Es geschieht durch die Sinne. Man kann es auch als ein verbindendes oder dreieinhalbdimensionales Schauen bezeichnen. Der hellsichtig begabte Seher befindet sich teils in und teils außerhalb der zeitlich-räumlichen Gegebenheiten.

Unter geistigem Schauen versteht man das Sehen des Geistes, was auf allen Ebenen geschehen kann. Da eine Einmischung der Sinne völlig fehlt, ist es klarer und genauer als das hellsichtige Sehen.

Es gibt übrigens in Wirklichkeit keine »Ätherebene« oder »Astralebene«. Diese Begriffe stehen für die Zustände oder Stufen des Bewusstseins. Das 'Reich' des Äthers kann läuternd wirken. Eine Stufe höher liegt das Mentalreich, in dem gewisse Wesenheiten, die ich gut kenne, ihre Wohnung haben, ihre vielfältigen Aufgaben und Pflichten erfüllen und ihre Freunde unterhalten, während sie noch in einem physischen Körper auf der Erde weilen. In dieser Welt gibt es zwei Bereiche. In der oberen Mentalregion werden alle Wünsche, selbst für andere, alle ichbezogenen Triebe abgestreift. Inwieweit jemand dazu fähig ist, hängt davon ab, wie stark er sich des »Paradieses« bewusst werden kann. Du siehst, welch ein Unterschied es ist, selbst mit seinem geistigen Führer in Berührung zu stehen…mit ihm zu sprechen…nicht mehr nur halb wach zu sein.

R.L.: Hat jeder einen geistigen Führer?

W.T.P.: Nein. Sobald ein Ego vollständig integriert ist, steht ihm ein persönlicher Führer zur Verfügung. Aber wie ich dir bereits gesagt habe, sind nur sehr wenige im Moment auf der Erde lebende Menschen wahrhaft individualisiert.

R.L.: Warum trägt die Astralebene diesen Namen?

W.T.P.: Das Wort »astral« soll andeuten, dass die Helligkeit jenes Zustands, in dem wir nach dem Tod erwachen werden, eher dem Licht der »Sterne« als dem der »Sonne« gleicht. Der Helligkeitsgrad, den das Individuum empfindet, hängt davon ab, wie rein es den Glanz widerspiegeln oder ausstrahlen kann. Mit anderen Worten, obwohl dieses Sternenlicht außerhalb von dir zu existieren scheint, strahlt es auch in dir. Wenn du diese Ebene »dunkel«, »in Dunkelheit« betrittst, trägst du das Dunkel in dir und vermagst das Licht nicht zu reflektieren. Du bleibst also im Halbdunkel oder im dichten Dämmerschein.

Beim Durchwandern der »astralen Gegebenheiten« voranzuschreiten, hängt fast ausschließlich davon ab, bis zu welchem Ausmaß es dir gelingt, den Spiegel deines Bewusstseins zu reinigen, um die Strahlen der Sterne zu reflektieren, was seinerseits eine Widerspiegelung des Christuslichtes ist. Das reine Christuslicht kann nicht geschaut werden, aber wenn es auf diese Weise weitergegeben wird, kann man es sehen und messen.

Bestimmte Eingeweihte und Adepten steigen absichtlich in die dunklen Regionen des Grenzlands hinab, um einen Lichtpfad zu hinterlassen. Ich habe es oft beobachtet… Selbst von der Erdebene aus vermag man einen solchen Lichtschweif zu beobachten. Wenn wir unser Bewusstsein klären, beginnt jeder von uns, dieses Licht auszustrahlen und zu verbreiten.

R.L.: Dies erinnerte mich an eine Beschreibung, die mir meine Tochter an ihrem zweiten Weihnachten »dort drüben« übermitteln ließ: »Die Lichtwesen steigen herab und verstreuen…verstreuen Strahlen…Weisheit.« Ein anderes Mal sprach sie von den »helleren Wesen«.

R.L.: Gurdjieff lehrte, dass man seine unsterbliche Seele während seines Erdendaseins verdienen muss. Andernfalls läuft man Gefahr, »wie ein Hund zu verkommen«. Trifft das zu?

W.T.P.: Nein, falsch. Deine unsterbliche Seele ist dir gegeben, du verdienst sie dir nicht. Die Disziplin im irdischen Leben ist ungeheuer wichtig; aber du kannst ein einheitliches Sphärenwesen auf irgendeiner Bewusstseinsstufe werden. Blavatsky neigte ebenfalls dazu, dieses uralte Konzept zu verewigen, dass Fortschritt, also Evolution, nur auf den Ebenen der Erde stattfinden kann. Nichts könnte der Wahrheit ferner liegen. Niemand steht jemals still. Wir werden nicht sofort in ein Reich ewiger Glückseligkeit geführt, noch sind wir für das verwerfende Fegefeuer bestimmt. In Fällen völliger Entartung eines Menschen *kann* der Abstieg auf eine niedere Ebene erfolgen. Er mag sich dann mit dem Tier-, Pflanzen- oder sogar Mineralreich verschmelzen. Dies geschieht aber ausschließlich zu dem Zweck, eine Lektion zu lernen, die zuvor versäumt wurde und die uns auf einer niederen Ebene des Verständnisses und des Lebensrhythmus gelehrt werden kann. Es gibt keinen Tod… Dieses Gesetz des Verschmelzens wirkt natürlich normalerweise in der anderen, höheren Richtung. Das gilt sogar für den Herrscher dieses Planeten. Indem er sich aus freiem Willen opfert, kann er in das Leben eingehen.

R.L.: Könntest du die Akasha-Chronik näher erklären?

W.T.P.: Jeder Gedanke, jede Emotion und jede Handlung innerhalb der Naturreiche erzeugt eine Schwingung in der geistigen Äthersubstanz. Jede einzelne Schwingung wird in unauslöschlicher Weise fotografiert oder eingeprägt. Alle Negative sind verfügbar. Wenn du weißt wie, kannst du die Drucke herstellen. Die ganze Geschichte ist in die geistige Äthersubstanz eingeschrieben und kann nicht gelöscht werden.

Jeder von uns besitzt seine eigene Akasha-Aufzeichnung, sobald seine Seele individualisiert ist. Wir können unsere persönliche zur planetarischen Chronik in Beziehung setzen. Wir können verfolgen, in welcher Weise wir sie gefördert oder ihr geschadet haben.

R.L.: Könntest du mir den richtigen Gebrauch der Begriffe Adept, Eingeweihter und Meister erläutern? Ich weiß, du gehst sehr vorsichtig damit um.

W.T.P.: Es gibt sieben Tore der Einweihung. Dem Menschengeist stehen also sieben Einweihungsebenen zur Verfügung. Nehmen wir an, jemand hat das erste Tor durchschritten. Bevor er das zweite Tor erreicht, muss er sieben Stufen emporklimmen.

Jemand darf sich »Adept« nennen, wenn er das zweite Tor erreicht hat. Ein Adept erkennt die Naturgesetze.

Sobald jemand die siebte Stufe vor dem dritten Tor erklommen hat, verfügt er über eine klare Wahrnehmung der geistigen Gegenstücke der Naturgesetze. Er ist ein Adept höheren Grades.

Hat er das dritte Tor durchschritten, die nächsten sieben Stufen erklommen und steht vor dem vierten Tor, dann ist er ein Eingeweihter. Er vermag die Beziehung zwischen Schöpfer und Geschöpf wahrzunehmen.

Wenn man das vierte Tor durchschritten hat, wird man ein Eingeweihter ersten Grades und erkennt die Gesetze, die den gesamten Kosmos regieren.

Nach dem fünften Tor ist man ein Meister in den natürlichen Welten dieses und anderer Planeten; nach dem sechsten ein Meister in den geistigen Welten.

Mit Durchschreiten des siebten Tores werden dem Kandidaten die Schlüssel für das Universum gegeben. Man steht jenseits der Meisterstufe; man gehört zur Christus-Ebene und vermag die Meister mit seinem Licht zu durchdringen.

Du sollst und kannst nicht die Größe eines Meisters mit der eines anderen vergleichen. Jeder ist ein individualisierter Ausdruck des Allerhöchsten und steht an einem bestimmten Punkt innerhalb der Vollkommenheit.

Soll ich dir noch etwas sagen? Eine große Anzahl der heiligen Männer und geistigen Lehrer auf unserem Planeten sind durch das erste Tor geschritten, aber nicht weiter.

Und noch ein Hinweis: Wenn du den Pfad betreten hast und kehrst um, dann hat das Konsequenzen! Übersinnliche oder okkulte Gaben zu besitzen, ist kein purer Segen; sie können ein falsches Gefühl der Sicherheit hervorrufen…geistiger Stolz, verkleidet als Bescheidenheit, bietet ein sehr hässliches Bild. Es kommt nur allzu oft vor.

R.L.: Erkennen sich Eingeweihte gegenseitig?

W.T.P.: Ja. Jeder trägt eine 'Lampe'. Ihre spezielle Art zu leuchten gibt Aufschluss über die Stellung ihres Trägers.

Dieser Pfad leistet den Mitmenschen den größten Dienst. Aber es gibt zahlreiche einzelne Seelen, deren Bestimmung es ist, sich in völlig anderer Weise zu entwickeln…Die Wege sind mannigfach und führen zum selben Ziel.

W.T.P.: Ich habe den Eindruck, dass sich ein Hauch von Dogmatismus in meine Beantwortung deiner Fragen geschlichen hat. Ich möchte klarstellen, dass jegliches Erkennen der Wahrheit, das mir zu eigen sein mag, auf keinen Fall abschließend ist. Die Wahrheit hat viele Gesichter, und die absolute Wahrheit liegt weit jenseits unseres menschlichen Fassungsvermögens.

Alle anderen Formen der Wahrheit sind relativ und

gehören ebenso dem Entwicklungsprozess an wie unser Verständnis dafür. Kein Leser sollte irgend etwas annehmen, das seiner Vernunft oder seinem Verständnis, an dem Punkt, an dem er gerade steht, widerspricht.

Nachwort

In den letzten Jahren ist eine seltsame Flut »maßgeblicher« Äußerungen zum Thema Jesus, seine Kreuzigung und Auferstehung aus verschiedenen Quellen an die Oberfläche gedrungen. Angeblich sollen seine Jünger ihn noch atmend vom Kreuz genommen und eine Zeit lang verborgen haben. Als er sich wieder erholt hatte, soll er nach Indien gegangen und dort in hohem Alter gestorben sein. In einem kürzlich erschienenen Bestseller wird uns eine aufregende Geschichte erzählt, die auf eingehenden Nachforschungen beruhen und historisch bewiesen sein soll. Letzteres wird von Gelehrten und Historikern ernsthaft bestritten. Macht nichts, meint die Öffentlichkeit. Tragen die Gelehrten nicht stets Scheuklappen? In jedem Fall handelt es sich um eine aufregende, faszinierende Entdeckung, angefüllt mit geheimnisvollen Hinweisen und mit der zwingenden Anziehungskraft eines Detektivromans.

Dann gibt es noch umfangreiches amerikanisches Material, die »Gespräche mit Seth«. Durch sein unter Trance stehendes Medium, Jane Roberts, hat »Seth«, ein angeblich fortgeschrittenes, körperloses Wesen, eine Fülle von philosophischem und wissenschaftlichem Material übermittelt, vieles davon interessant und bedeutungsvoll. Aber wenn er über Jesus und die Kreuzigung spricht, sinkt er (meiner Ansicht nach) auf eine solch vulgäre, trügerische und falsche Stufe ab, die völlig unannehmbar, sogar abstoßend ist. Das Zeugnis der vier Evangelien wird kurzerhand abgetan. Die Bedeutung des größten und ältesten aller kosmischen Dramen wird mit arroganter Selbstsicherheit verlacht. Ich zitiere: »Jesus beabsichtigte keineswegs, auf diese Art und Weise zu sterben…Das war nicht der Plan…Es gab eine Verschwörung, bei der Judas eine Rolle spielte, ein Versuch, aus Christus einen Märtyrer zu machen…Dem ausgewählten Mann wurden Drogen gegeben (aus diesem Grunde musste ihm beim Tragen des Kreuzes geholfen werden), und er erklärte, er wäre Christus und glaubte es…Der Grund für die dreimalige Verleumdung durch Petrus war sehr einfach; er wusste, dass der Mann, der gekreuzigt werden sollte, nicht Jesus war…Er (Jesus) war ein geschickter Magier – er erschien in verschiedenen Gestalten und schaffte es sogar, die Wunden nachzuahmen…« – und so geht es weiter.

Nicht lange vor seinem Heimgang im Jahre 1968 zeigte ich W.T.P. diese Passagen. Eine überpersönliche Wut erfasste ihn, und er begehrte auf: »Als ob ein solch wunderbarer Mann wie Jesus, eine integere Seele, die verkörperte Integrität selbst, sich einer derartig schmutzigen Betrügerei hingegeben und erlaubt hätte, dass ein armer, mit Drogen vollgepumpter, unschuldiger Kerl an seiner Stelle qualvoll sterben sollte.«

Durch die Feder von Cynthia Sandys vermag ich von Zeit zu Zeit immer noch mit W.T.P. in Kontakt zu kommen. Vor einigen Monaten sprachen sie und ich gerade über die so genannten »neuen Botschaften«. Spielten sie wirklich eine Rolle? Wir glaubten, dies sei der Fall. Man schien uns zu erklären, das Christentum sei ein veralteter Mythos, bedeutungslos in diesen erleuchteten Tagen. Leid ist nicht mehr modern, der Tod kann seiner geistigen Bedeutung beraubt werden und taktvoll befreit von allen bedrückenden Vorstellungen und Verbindungen. Ich sprach von W.T.P. und fragte mich, welche neuen Erkenntnisse er dort drüben wohl gewonnen hatte. »Wir wollen ihn fragen«, meinte Cynthia. Er schien uns beiden sehr nahe zu sein. Nach einer Weile nahm sie ihre Feder und schrieb äußerst rasch und kräftig die folgenden Worte.

W.T.P.: November 1982. Meine liebe Alexias. Du fragst dich also, was mit Jesus vor zweitausend Jahren geschehen ist. Nun, wie ich dir gesagt habe, er wurde gekreuzigt – der Mann; aber du kannst nicht den Geist kreuzigen. Es geschah in einer schrecklichen und brutalen Weise. Die Herrn des Karma gelangten zu der Überzeugung, dass die Menschheit noch nicht reif genug war, um zu erkennen, dass Körper und Geist getrennte Wesen sind. Die Menge war von dem, was sie sehen und erfassen konnte, völlig gefangen genommen. Als der Geist sich ihnen entzog, waren sie ratlos und wussten nicht, was sie denken sollten.

Der Körper Jesu, den die Schwingungen des Christus durchtränkt hatten, war nicht völlig sterblich und konnte deshalb nicht »sterben«. Als das Gefühl der Verlassenheit am Kreuz vorüber ging, erlaubte er den Christus-Schwingungen, neue Kraft zu gewinnen…und nach einer gewissen Zeit im Grab kehrte wieder Leben in ihn ein und er vermochte die Leichentücher zu entfernen und sich als Geistwesen zu befreien. Dies geschah infolge des inneren Christus und ohne auf den physischen Körper einzuwirken und ihn aufzulösen – wie es mit allen Dingen geschieht, die unter der Macht des Christus stehen.

Doch er erkannte den großen Verlust und das Elend, das sein Schicksal seiner irdischen Mutter brachte. Deshalb nahm er bei verschiedenen Gelegenheiten einen Körper an und bat die Jünger, diesen nicht zu berühren, doch er erschien ihnen ganz deutlich. Dabei handelte es sich um eine Manifestation der vollständigen Integration von Geist, Seele und Körper. Sie bildeten eine Weile ein Ganzes. Dennoch erkannten die Jünger seinen neu gebildeten Körper nicht. Erst beim Brotbrechen zog sich der Geist ein wenig zurück, und der physische Aspekt trat in den Vordergrund.

Ich weiß, es handelt sich hier um eine 'schwierige Gratwanderung' zwischen Geist und Körper, der immer wieder erschien. Dem ungläubigen Thomas wurde es sogar erlaubt, die durch die Nägel und den Speerstoß verursachten Wunden zu berühren. Aber Jesus und der Christus verschmolzen vollkommen in einer Persönlichkeit, so dass Jesus als der Christus verehrt werden kann und auch wird. Es war ein wunderbares Ritual von Körper, Seele und Geist, über das man endlos lange nachsinnen und meditieren kann.

Kümmere dich nicht um die Kirchen, wenn sie dich angreifen. Gehe mit ihnen. Wenn sie dich nicht akzeptieren, lasse sie ziehen. Wir haben den wahren Christus hier; wir können lachen und träumen und jubeln und staunen über die unaussprechliche Majestät dieses Plans.

BRIEFE EINES EINGEWEIHTEN
Wellesley Tudor Pole

Wellesley Tudor Pole war die »graue Emminenz« in der spirituellen Bewegung Englands. Er zählte im Verborgenen zu den geistigen Beratern Churchills und schuf mit der berühmten »Big Ben-Gebetsminute« eines jener geistigen Felder, das Englands Durchhaltewillen gegen das Nazi-Regime stärkte und so nicht unerheblich dazu beitrug, der Freiheit den Sieg über die Unterdrückung zu bescheren.

Tudor Pole verfügte über außerordentliche geistige Fähigkeiten, die es ihm ermöglichten, Bürger zweier Welten zu sein. Die feinstofflichen Welten waren ihm so vertraut wie die materiellen Ebenen. So konnte er seinen engen Schülern wertvolle Einsichten und persönliche Hilfestellungen vermitteln, die erheblich dazu beitrugen, das »esoterische Netzwerk« aufzubauen, für das England seit den Tagen der White Eagle Gemeinschaft und des Findhorn Gartens so bewundert wurde.

Tudor Pole zählte so, hinter den lauten Kulissen der New Age-Bewegung, ohne Zweifel zu den einflussreichsten Persönlichkeiten eines neuen Denkens. Da er selbst großen Wert darauf legte, seine Zurückgezogenheit zu schützen, kann es nicht verwundern, dass erst nach seinem Tod die wahre Größe seiner außergewöhnlichen Persönlichkeit zum Vorschein kommt.

Seine »Briefe« enthalten eine wahre Schatzkammer an geistigen Erkenntnissen und Enthüllungen, die vielleicht ihren Höhepunkt in seinen Erinnerungen an das Palästina zur Zeit des Jesus von Nazareth finden.

ISBN 3-89427-172-8, Paperback, 236 Seiten